2014 职（执）业资格考试辅导丛书

公路工程监理工程师考试辅导用书

Daolu yu Qiaoliang Moni Lianxi yu Tijie

《道路与桥梁》模拟练习与题解

丁静声　张宝玉　主编

人民交通出版社股份有限公司

内 容 提 要

本书为公路工程监理工程师考试辅导用书之一，分为专项训练和模拟试卷两部分，试题严格按照考试大纲要求的各知识点，结合历年考试真题编写，每道题均配有参考答案和详细的解析。

本书可供参加公路工程监理工程师过渡考试的人员复习参考。

图书在版编目（CIP）数据

《道路与桥梁》模拟练习与题解 / 丁静声，张宝玉主编. — 北京：人民交通出版社股份有限公司，2014. 8

公路工程监理工程师考试辅导用书

ISBN 978-7-114-11622-3

Ⅰ. ①道… Ⅱ. ①丁… ②张… Ⅲ. ①道路施工—施工监理—资格考试—题解②桥梁工程—工程施工—施工监理—资格考试—题解 Ⅳ. ①U415. 1-44②U44-44

中国版本图书馆 CIP 数据核字（2014）第 182291 号

公路工程监理工程师考试辅导用书

书　　名：《道路与桥梁》模拟练习与题解

著 作 者：丁静声　张宝玉

责任编辑：刘永超　李　喆

出版发行：人民交通出版社股份有限公司

地　　址：（100011）北京市朝阳区安定门外外馆斜街 3 号

网　　址：http：//www. ccpress. com. cn

销售电话：（010）59757973

总 经 销：人民交通出版社股份有限公司发行部

经　　销：各地新华书店

印　　刷：大厂回族自治县正兴印务有限公司

开　　本：787 × 1092　1/16

印　　张：9. 5

字　　数：216 千

版　　次：2014 年 8 月　第 1 版

印　　次：2019 年 6 月　第 2 次印刷

书　　号：ISBN 978-7-114-11622-3

定　　价：26. 00 元

（有印刷、装订质量问题的图书由本公司负责调换）

前　言

为了规范公路工程监理工程师管理，提高公路工程监理队伍的整体素质，交通运输部（原交通部）自2004年开始组织实施公路工程监理工程师考试。

为满足广大考生复习备考的需要，我们依据交通运输部最新颁布的《交通运输部公路水运工程监理工程师过渡考试大纲》（以下简称考试大纲）和《公路工程监理培训用书》（以下简称培训用书），参考近几年的考试真题中各知识点的分值分布情况，结合主编的教学及培训工作经验，编写了《<道路与桥梁>模拟练习与题解》这本考试辅导用书。本书紧扣考试大纲各考点，编制了有针对性的模拟练习题，通过各考点的专项习题训练，使考生能够对各考点相关内容加深记忆和理解，达到“以练促学”的目的。同时，本书针对每道题都编制了较为详细的试题解析，内容依据培训用书和公路工程相关标准规范及法规文件，力求涵盖全部考试内容，考生可结合试题解析对易错点和重点、难点内容进行更加有针对性的复习。

本书由重庆交通大学丁静声、张宝玉主编。由于编者水平有限，加之时间较为仓促，本书在编写过程中虽经数次推敲核证，但难免有疏漏或不妥之处，恳请广大读者批评指正，以便我们修订再版时完善，如有问题或有建议，请发邮件至djsh66887889@163.com。

最后真诚祝愿使用本书的各位考生能顺利通过考试！

编　者

2014年8月

目　录

第一部分　专项练习题

第二部分　专项练习题参考答案及解析

第三部分　模 拟 试 卷

第四部分　模拟试卷参考答案及解析

第一部分　专项练习题

考点1　道路与桥梁基本知识

一、单项选择题

1. 路基的典型横断面形式有（　　）。

A. 路堤　　B. 浸水路堤

C. 挡土墙路基　　D. 台口式路基

2. 桥梁基础形式一般可分为（　　）。

A. 明挖基础、桩基、特殊基础

B. 明挖基础、桩基、沉井基础

C. 挖孔桩基、钻孔桩基、沉井基础

D. 明挖基础、桩基、复合基础

3. 水泥混凝土路面现行设计规范采用的设计理论是（　　）。

A. 弹性层状体系理论　　B. 极限荷载理论

C. 设计荷载理论　　D. 弹性地基板理论

4. 用标准击实试验方法，在最佳含水率条件下得到的干密度称为（　　）。

A. 最大干密度　　B. 最佳干密度

C. 标准干密度　　D. 极限干密度

5. 在我国，一条公路采用同一净高。高速公路、一级公路、二级公路的净高为（　　）。

A. 4.5m　　B. 5.0m

C. 5.5m　　D. 6.0m

6. 高速公路和一级公路路基填土采用振动压路机碾压时，第一遍应（　　）。

A. 慢速弱振　　B. 慢速强振

C. 快速弱振　　D. 不振动静压

7. 关于质量检验评定标准中，下列说法正确的是（　　）。

A. 工程质量等级应按分部、单位、合同段、建设项目逐级进行评定，其质量等级分为优良、合格、不合格三个等级

B. 分项工程中涉及结构安全和使用功能的重要实测项目为关键项目，其合格率不得低于95%

C. 不合格分部工程经整修、加固、补强或返工后可重新进行评定

D. 合同段工程质量鉴定得分 = 合同段工程质量得分 - 外观缺陷减分 - 内业资料扣分

8. 拆除建（构）筑物安全监理下列说法错误的是（　　）。

A. 拆除梁和楼梯板时，必须从中间往两端基本对称进行

B. 在楼梯板未拆除前，绝不允许进入下层和其以下楼梯拆除

C. 对跨度和荷重较大的梁、楼梯板的拆除，必须落实加设预支护措施

D. 上层楼梯未拆除前，绝不允许进入下节楼梯板的拆除

二、多项选择题

1. 预应力混凝土连续梁桥施工方法有（　　）。

A. 简支转连续法　　B. 就地浇筑法

C. 顶推法　　D. 转体法

E. 悬臂法

2. 用重型击实法求得的路基填料最大干密度为 2.20g/cm^3，规范要求压实度为 96%，下面为各测点的工地干密度，压实合格的测点有（　　）。

A. 2.09g/cm^3　　B. 2.01g/cm^3

C. 2.29g/cm^3　　D. 2.12g/cm^3

E. 1.98g/cm^3

3. 下列关于桥梁技术术语表述错误的是（　　）。

A. 桥梁全长等于各孔径之和

B. 拱桥的标准跨径就是两墩中线之距

C. 简支梁桥计算跨径是两支承线之间的水平距离

D. 总跨径是多孔桥梁中各孔净跨径的总和

E. 建筑高度是桥面高程对通航净空顶部高程之差

4. 运距 60 ~ 100m 范围内能同时完成取土、运土、铺筑、初压的土方作业机械有（　　）。

A. 挖土机　　B. 推土机

C. 铲运机　　D. 平地机

E. 松土机

5. 根据《公路工程技术标准》(JTG B01—2003)，特大桥划分标准为（　　）。

A. 多孔跨径总长大于 500m　　B. 多孔跨径总长大于 1 000m

C. 单孔跨径大于 150m　　D. 单孔跨径大于 200m

E. 单孔跨径大于或等于 150m

6. 我国各地的软土都有近乎相同的共性，主要表现为（　　）。

A. 天然含水率高，孔隙比大　　B. 透水性差，压缩性高

C. 抗剪强度低，具有触变性　　D. 流变性不显著

E. 透水性好，压缩性高

7. 预应力筋的下料长度要通过计算确定，计算时应考虑的因素有（　　）。

A. 孔道曲线长度　　B. 锚夹具长度

C. 预应力筋的松弛长度　　D. 千斤顶长度

E. 外露工作长度

8. 关于公路工程质量等级评定，下列说法正确的有（　　）。

A. 分项工程评分值不小于 90 分者为合格

B. 工程质量等级分为合格和不合格

C. 评定为不合格的分项工程，经加固、补强或返工处理，满足设计要求后，可以重新评定其质量等级

D. 分项工程评分值一般小于分项工程得分值

E. 分项工程评分值一般大于分项工程得分值

三、判断题

1. 路基强度是指在行车荷载作用下，路基抵抗破坏和变形的能力。（　　）

2. 粗颗粒含量较多的土是填筑路堤的良好材料。（　　）

3. 沥青路面施工中，沥青材料及混合料的各项指标应符合设计和施工规范要求，沥青混合料的生产，隔日应做抽提试验（包含马歇尔稳定度试验）。（　　）

4. 分层铺筑的高速公路沥青面层，应分别检查沥青面层总厚度和上面层厚度。（　　）

5. 实测项目的规定极值是指任一单个检测值都不能突破的极限值，不符合要求时该实测项目为不合格。（　　）

四、综合分析题

1. 质量检验评定标准中分项工程质量检验内容包括哪几部分？满足哪些条件才能进行工程质量检验评定？

考点2 路 基 工 程

一、单项选择题

1. 路线平面控制测量宜采用（　　）方法进行。

A. GPS 测量　　B. 导线测量

C. 三角测量　　D. 三边测量

2. 对于原地基处理，下面哪个说法不正确（　　）。

A. 路基用地范围内的树木、灌木丛等均应在施工前砍伐或移植清理

B. 原地面的坑、洞、墓穴等应用原地土或砂性土回填

C. 当路堤填土高度小于路床厚度（80cm）时，路床压实度不宜小于基底压实度标准

D. 路堤原地基横坡陡于1∶5时，原地基应挖成台阶

3. 公路路基施工前的准备工作有（　　）。

A. 材料进场　　B. 挖沟排水

C. 机械维修　　D. 场地清理

4. 路基工程进入冬季施工的基本气候条件是（　　）。

A. 昼夜平均温度在 -3℃以下，且连续 10d 以上

B. 昼夜平均温度在 0℃以下，且连续 10d 以上

C. 昼夜平均温度在 -3℃以下，且连续 5d 以上

D. 昼夜平均温度在 0℃以下，且连续 5d 以上

5. 二级及二级以上公路路堤和填方高度小于（　　）的公路路堤，应将路基基底范围内的树根全部挖除并将坑穴填平夯实。

A. 1m　　B. 2m

C. 3m　　D. 4m

6. 路基土方开挖不论工程量多少和开挖深度大小，均应（　　）进行。

A. 自上而下　　B. 自下而上

C. 上下同时　　D. 上下均可

7. 为使路基压实取得最佳压实效果，较经济而有效的方法是（　　）。

A. 增大压实功率　　B. 增大土的含水率

C. 改善土质　　D. 使土处于最佳含水率

8. 土工合成材料在铺设时，应将强度高的方向置于（　　）。

A. 垂直于路堤轴线方向　　B. 平行于路堤轴线方向

C. 垂直于边坡坡度方向　　D. 平行于边坡坡度方向

9. 不同类型土分层填筑时，一种土最小填筑厚度为（　　）。

A. 30cm　　B. 40cm

C. 50cm　　D. 60cm

10. 填石路段划分平整、碾压、填石和检测四个作业区段，四个作业区段正确的施工工艺顺序是（　　）。

A. 推铺平整→振动碾压→分层填筑→检测签认

B. 推铺平整→检测签认→分层填筑→振动碾压

C. 分层填筑→推铺平整→振动碾压→检测签认

D. 检测签认→分层填筑→推铺平整→振动碾压

11. 为了确定路基填土的最大干密度和最佳含水率，应做（　　）试验。

A. 液、塑限　　B. 重型击实

C. 回弹模量　　D. 配合比

12. 土的含水率试验以（　　）为室内标准方法。

A. 酒精燃烧法　　B. 比重法

C. 烘干法　　D. 碳化钙气压法

13. 采用石方填料填筑路基，石料的最大粒径不得大于（　　）。

A. 全层松铺厚度的2/3　　B. 全层松铺厚度的1/2

C. 全层压实厚度的2/3　　D. 全层压实厚度的1/2

14. 修筑路基良好的材料是（　　）。

A. 砂土　　B. 砂性土

C. 粉性土　　D. 黏性土

15. 通过路堤试验路段确定的压实工艺主要参数不包含（　　）。

A. 松铺厚度　　B. 碾压遍数

C. 碾压速度　　D. 压实度

16. 每种填料的填筑层压实后的连续厚度不宜小于（　　）mm，填筑路床顶最后一层时，压实后的厚度不应小于（　　）mm。

A. 1 000 和 100　　B. 500 和 150

C. 500 和 100　　D. 1 000 和 150

17. 地面横坡较陡、旧路加宽均应挖台阶以确保施工路基的质量，挖台阶的宽度应符合下列的（　　）规定。

A. 陡坡 2.0m，旧路加宽 2.0m　　B. 陡坡 1.0m，旧路加宽 1.0m

C. 陡坡 1.0m，旧路加宽 1.0m　　D. 陡坡 2.0m，旧路加宽 1.0m

18. 高速公路上路床某层的压实度检测数据如下：96.0%、97.0%、98.2%、97.2%、98.3%、95.9%、96.0%、88.9%，本段路基压实度评定为（　　）。

A. 合格　　B. 不合格

C. 优良　　D. 无法评定

19. 以平行作业来调整施工进度计划的方法适合于（　　）。

A. 小型项目
B. 大型项目
C. 分项工程
D. 分部工程

20. 路堑开挖前，环保监理应重点检查（　　）。

A. 施工便道设置情况
B. 开挖上方截水沟和下方挡土墙情况
C. 地表清理
D. 植被保护

21. 膨胀土地区高速公路路基施工时，下列说法错误的是（　　）。

A. 应避开雨季作业
B. 中等膨胀土经处理后可作为填料
C. 强膨胀土经过处理后可作为填料
D. 膨胀土路基填筑松铺厚度不得大于300mm

22. 软土地基处治中，若无特殊要求，反压护道压实度不低于（　　）。

A. 85%
B. 90%
C. 93%
D. 95%

23. 关于袋装砂井的施工质量控制要点，符合规范规定的是（　　）。

A. 砂袋的渗透系数应小于砂的渗透系数
B. 中粗砂中0.6mm颗粒的含量宜占总质量的30%以上
C. 砂袋在孔口外的长度应能顺直伸入砂垫层300mm
D. 袋装砂井井径的允偏差为+10mm，-5mm

24. 一段容易风化、裂隙和节理发育、坡面不平整的岩石挖方边坡，除采用喷射混凝土防护外，还宜采用（　　）防护。

A. 抹面
B. 捶面
C. 护面墙
D. 喷浆

25. 施工前宜先完成的工作是（　　）。

A. 排水设施
B. 永久性排水设施
C. 临时排水设施
D. 排水管

26. 土质地段的边沟纵坡（　　）时应采取加固措施。

A. 大于3%
B. 大于5%
C. 小于3%
D. 小于5%

27. 抗滑桩灌注桩身混凝土时，下列说法错误的是（　　）。

A. 灌注前应检查断面净空，清洗混凝土护壁
B. 钢筋笼搭接接头不得设在土石分界和滑动面处
C. 灌注如分段进行，设置施工缝
D. 灌注必须连续进行

28. 边坡锚索防护中，下列说法不正确的是（　　）。

A. 锚索下料应采用机械切割
B. 锚索入孔后灌浆宜一次性注满

C. 孔内砂浆强度未达到设计强度的 75% 时，不得张拉

D. 锚索张拉时当实际伸长量大于计算伸长值的 ±6% 时，应暂停张拉

29. 涵洞完成后，应在涵洞砌体砂浆或混凝土强度达到设计标准的（　　）时方可填土。

A. 60%　　B. 70%

C. 80%　　D. 90%

30. 重力式挡土墙墙身的强度达到设计强度的（　　）时方可进行回填、压实等工作。

A. 100%　　B. 75%

C. 60%　　D. 50%

二、多项选择题

1. 施工组织设计的审批要点有（　　）。

A. 审批手续是否齐全有效

B. 施工质量、安全、环保、进度、费用目标是否与合同一致

C. 质量、安全、环保等保证体系是否健全有效

D. 施工总体部署与施工方案和安全、环保等应急预案是否合理可行

E. 是否通过项目技术负责人审核批准

2. 下列路段中，不宜在雨期进行路基施工的是（　　）。

A. 碎砾石路段　　B. 路堑弃方路段

C. 膨胀土路段　　D. 盐渍土路段

E. 重黏土路段

3. 前期准备和清理场地中安全监理工作内容主要有（　　）。

A. 检查前期准备工作

B. 审查施工单位资质

C. 审查施工组织设计或安全技术措施方案

D. 查验《开工报告》和《安全生产许可证》

E. 做好日常巡检

4. 公路工程施工环境保护应贯彻“预防为主、防治结合、综合治理”的原则，在施工准备阶段，监理工程师应做好的准备工作有（　　）。

A. 编制施工环境保护规划

B. 编制各单位工程的环境保护监理实施细则

C. 要求施工单位建立环境保护管理体系

D. 对施工单位进行环境保护监理交底

E. 对现场试验室放射源的处置，监理工程师应全过程旁站监理

5. 石质路堑开挖方法有（　　）。

A. 挖掘法
B. 钻凿法
C. 爆破法
D. 松土法
E. 破碎法

6. 高填方路基填筑符合规定的有（ ）。

A. 对覆盖层较浅的岩石地基，可直接填筑
B. 施工中应按设计要求预留路堤高度，并进行动态监控
C. 施工过程中宜进行沉降、稳定观测，按照设计要求控制填筑速率
D. 高填方路基宜优先安排施工
E. 高填方路堤对填料没有特别要求

7. 填方路基压实施工时应遵循的原则是（ ）。

A. 先中后边
B. 先轻后重
C. 先慢后快
D. 先边后中
E. 先快后慢

8. 路堤试验路段需要确定的压实工艺参数有（ ）。

A. 机械组合
B. 压实机械规格、松铺厚度、碾压遍数、碾压速度
C. 填料的最佳含水率
D. 人员组织机构与分工
E. 原始记录和过程记录

9. 土方路基的施工质量检测项目包括（ ）。

A. 压实度
B. 弯沉值
C. 强度
D. 平整度
E. 厚度

10. 确定路基填土压实质量必须做的试验有（ ）。

A. 颗粒分析试验
B. 细度模数试验
C. 筛分试验
D. 击实试验
E. 灌砂法试验

11. 关于填石路堤的施工，下列说法正确的有（ ）。

A. 路床填料粒径应小于150mm
B. 路堤填料粒径应不大于500mm，且不宜超过层厚的2/3，不均匀系数宜为15～20
C. 压实机械宜选用自重不小于18t的振动压路机
D. 在非岩石地基上，在填筑填石路堤前，清表压实后可直接填石
E. 软、硬质石料混合使用可使填料获得较好级配而密实

12. 路基不合格的填料有（ ）。

A. 有机土
B. 淤泥
C. 强膨胀土
D. 强风化砂岩

E. 冻土

13. 关于路基填料的选用，下列表述正确的有（　　）。

A. 强膨胀土不得直接用于填筑路基

B. 有机质土不得直接用于填筑路基

C. 粉质土是填筑浸水部分的路堤较好的材料

D. 腐殖质土严禁作为路基填料

E. 生活垃圾可以用作路基填料

14. 影响填方路基压实效果的主要因素有（　　）。

A. 路堤的填筑方式　　B. 填料的土质类型和特性

C. 碾压时土的含水率　　D. 施工时的大气条件

E. 压实机具的类型和压实施工工艺

15. 高填方路基沉降的原因有（　　）。

A. 施工时压路机功效过大　　B. 路基填料中有腐殖质土

C. 填筑顺序不当　　D. 压实不足

E. 在填挖交界处没有挖台阶

16. 路基填方压实施工中容易发生“漏压”的部位有（　　）。

A. 填挖交界处　　B. 路基两侧边沿

C. 靠近桥涵及各种构造物处　　D. 填方范围内的施工通道

E. 换填基底部分

17.《公路工程质量检验评定标准》（JTG F80/1—2004）中，土方路基实测项目评定权值为 1 的有（　　）。

A. 压实度　　B. 边坡

C. 宽度　　D. 平整度

E. 横坡

18. 用重型击实法求得的路堤填料最大干密度为 19.4kN/m^3，要求压实度为 96%，下面为各测点的工地干密度，压实合格的测点有（　　）。

A. 18.3kN/m^3　　B. 18.7kN/m^3

C. 18.8kN/m^3　　D. 18.9kN/m^3

E. 19.3kN/m^3

19. 用重型击实法求得的路堤填料最大干密度为 2.28g/cm^3，要求压实度为 93%，下面为各测点的工地干密度，压实合格的测点有（　　）。

A. 2.07g/cm^3　　B. 2.09g/cm^3

C. 2.11g/cm^3　　D. 2.13g/cm^3

E. 2.15g/cm^3

20. 在对滑坡地段进行开挖时，下列说法不正确的是（　　）。

A. 滑坡体两侧向中部自上而下进行

B. 滑坡体中部向两侧自上而下进行

C. 滑坡体两侧向中部自下而上进行

D. 采用削坡减载，全面拉槽开挖

E. 严禁超挖或乱挖，严禁爆破减载

21. 石方爆破作业前，应对爆破孔进行检查，检查内容有（　　）。

A. 位置　　B. 孔径

C. 孔距　　D. 数量

E. 孔深

22. 膨胀土地区路基施工应注意的事项有（　　）。

A. 应避开雨季施工，加强现场排水

B. 应分段施工，各道工序应紧密衔接，连续完成

C. 未经处理的膨胀土不得作为路基填料

D. 胀缩总率不超过 0.7% 的弱膨胀土不可作为路基填料

E. 膨胀土路基填筑松铺厚度不得大于 100mm

23. 具有排水功能的软基处治措施有（　　）。

A. 砂垫层　　B. 砂井

C. 袋装砂井　　D. 塑料插板

E. 抛石挤淤

24. 下列软基处理方法中，以排水固结为主的是（　　）。

A. 砂垫层　　B. 塑料排水板

C. 粉喷桩　　D. 砂井

E. 挤淤

25. 下列操作符合浆砌片石施工技术要求的有（　　）。

A. 片石应分层砌筑，宜以 2 ~ 3 层砌块组成一工作层，其水平缝大致找平

B. 砌筑基础的基底为土质，宜坐浆砌筑

C. 片石应安放稳固，砂浆饱满，黏结牢固，不得直接贴靠或脱空

D. 养护时间为 3d

E. 气温超过 30℃时，砂浆宜在 2 ~ 4h 内使用完毕

26. 挡土墙施工质量控制要点有（　　）。

A. 施工前应做好截、排水及防渗设施

B. 墙身强度达到设计强度时方可进行回填作业

C. 基坑开挖宜分段跳槽进行

D. 伸缩缝及沉降缝两侧壁应竖直、平齐、无搭叠

E. 墙背填土宜用重型压路机碾压

27. 挖方路基上边坡发生滑坡，其处治方法一般有（　　）。

A. 截断地表水流入滑坡体　　B. 减小边坡坡度

C. 锚杆支护　　D. 加填压脚土

E. 设置支挡工程

28. 抗滑桩施工时，（　　）。

A. 开挖前，要修整孔口地面，做好桩区地表截排水及防渗工作

B. 应分节开挖，挖一节应立即支护一节

C. 分节不宜过长，可在土石层变化处和滑动面处分节

D. 在滑动面处的护壁应加强，在承受较大推力的护壁和孔口加强衬砌的混凝土中应加钢筋

E. 灌注混凝土必须连续作业，如因故中断灌注，其接隙面应作特殊处理

29. 某孔深 5.0m 的边坡锚固防护施工，正确的施工工艺有（　　）。

A. 宜采用先注浆后插锚杆

B. 锚杆插入后应居中固定

C. 灌浆应采用孔底注浆法

D. 必须待砂浆达到设计强度的 75% 后方可安装肋柱、墙板

E. 锚杆未插入岩层部分，应做镀锌处理

30. 增加挡土墙抗滑稳定性的措施有（　　）。

A. 采用倾斜基底　　B. 采用扩大基础

C. 采用凸榫基础　　D. 采用钢筋混凝土桩基础

E. 展宽墙趾

三、判断题

1. 羊足碾压路机适用于砂性土的压实。（　　）

2. 试验路段应选择在地质条件、断面形式等工程特点具有代表性的地段，路段长度不宜小于 50.0m。（　　）

3. 高速公路、一级公路高度小于 800mm 的路堤、零填方及挖方路床的加固换填宜选用水稳性较好的材料，且压实度不宜小于 93%。（　　）

4. 填石路堤岩性相差较大的填料在填筑施工时应将软质石料和硬质石料混合使用，以增加其密实性。（　　）

5. 高速公路、一级公路路基填土压实采用振动压路机碾压时，第一遍不振动静压，然后先慢后快，从弱振到强振。（　　）

6. 按标准击实试验确定的干密度的最大值，称为最大干密度，相应的含水率称为最佳含水率。（　　）

7. 砂土作为筑路材料比砂性土好。（　　）

8. 路基填土过程中，填土的含水率应控制在最佳含水率 ±2% 以内。（　　）

9. 软土地基岩土试验应以室内试验为主，室外原位试验为辅。（　　）

10. 抛石挤淤施工应选用不易风化的片石，片石厚度或直径不宜大于300mm。(　　)

11. 塑料排水板超过孔口的长度应能伸入砂垫层500mm，预留段应及时弯折埋设于砂垫层中，与砂垫层贯通并采取保护措施。(　　)

12. 在墙高和填土条件相同时，仰斜式挡土墙墙背受到的主动土压力比俯斜式大。(　　)

13. 抗滑桩桩群开挖应从中间沿滑坡主轴向两端间隔进行。(　　)

14. 当孔深大于3.0m时，安装普通砂浆锚杆宜先注浆然后插入锚杆，注浆应采用孔底注浆法。(　　)

15. 涵洞顶面填土压实厚度大于50cm时，方可通过重型机械和汽车。(　　)

四、综合分析题

1. 某地区公路路基雨季施工过程中突遇冷空气，气温下降，昼夜平均温度在 -3℃以下，持续一个星期，然后气温回暖，未发生冻土现象。该路段有填有挖，且需以挖作填，土质为砂类土，施工方技术员提出为保证雨季和冬季施工质量应采用以下主要措施：

(1) 在填方坡脚外挖好排水沟。

(2) 分层填筑时，每一层表面做成2% ~4%的排水横坡。

(3) 按横断面全宽平填，每层松铺厚度比正常施工减少20% ~30%。

(4) 挖填交界处、填土低于1.0m处停止填筑，待气温回暖后再实施。

问题：

(1) 请问上述4条措施哪些是针对雨季施工？哪些是针对冬季施工？

(2) 施工方技术员提出的4条措施是否合理？为什么？

(3) 针对雨季施工，填方路堤和挖方路基施工应符合哪些规定？

2. 某高速公路道路工程正在进行1号桥与2号桥之间的路堤填筑施工，施工部位为94区4层，在碾压完毕后路基表面部分路段出现弹软问题，施工单位采取了继续碾压的方法进行处理，处理完毕后未经监理工程师验收，进行了下一步土方的施工。

问题：

(1) 施工单位所采取的处理方法是否妥当？并说明理由。

(2) 分析出现此问题的原因及处理方法。

(3) 监理工程师对于施工单位的此做法应如何处理？

(4) 在路基填筑施工时，监理工程师应检查和控制的内容有哪些？

(5) 由于本路段路堤与桥梁进行连接，在连接处容易造成不均匀沉降，简述对此问题所采取的防治处理措施有哪些？

3. 某公路土方路基施工，大部分路段位于膨胀土地区，经试验检测判定该路段膨胀土属于中等膨胀土，施工单位在填方路段直接使用中等膨胀土填筑碾压，压实土层松铺厚度30cm；在挖方路段路床超挖30cm，再用石灰处置土进行回填。

问题：

（1）膨胀土一般具有哪些工程特性？膨胀土作为填料应符合哪些规定？

（2）施工单位对该工程中膨胀土的使用是否合理？为什么？请你就该工程在施工过程中对中等膨胀土的使用注意事项加以说明。

（3）对于挖方超挖 30cm 处用石灰处置土回填外，还可以用哪些材料回填？

4. 某山岭重丘区高速公路在 K29 + 000 ~ K29 + 300 跨越 V 形冲沟，与该冲沟紧紧相连的是一座上下行分离式双洞特长隧道，隧道全长 4 943m，原设计采用高架桥跨越冲沟。本合同段原设计的挖方总量为 58 万 m^3，隧道弃渣土方量为 45 万 m^3，路基填方量为 46 万 m^3，存在 57 万 m^3 的工程弃方。然而，该合同段内没有适当的场地可供隧道弃渣，不得已弃渣场只好设在隧道出口 V 形冲沟内。通过再一次深入地调查并经多方协调后，现修改设计为以路堤的形式通过 V 形冲沟高填方区，为了提高填方路堤的稳定性，在高填方坡脚处修筑一个约 25m 高的砌体挡土墙。工程竣工运营一年后发现路面出现纵向开裂和局部下沉等病害。

问题：

（1）砌体挡土墙施工有哪些基本要求？

（2）高填方路堤产生的质量病害的原因有哪些？有哪些预防措施？

考点3 路 面 工 程

一、单项选择题

1. 我国公路路面设计标准轴载为（　　）。

A. 单轮组单轴 100kN　　B. 单轮组双轴 100kN

C. 双轮组双轴 100kN　　D. 双轮组单轴 100kN

2. 为保证集料与沥青之间的黏附性，沥青路面应尽可能选用（　　）。

A. 酸性石料　　B. 中性石料

C. 碱性石料　　D. 磁性石料

3. 高速公路铺筑双车道沥青路面的压实机械数量不宜少于（　　）。

A. 5 台　　B. 4 台

C. 3 台　　D. 2 台

4. 除改性沥青和 SMA 以外，沥青混合料的施工温度是（　　）确定。

A. 根据沥青路面施工经验　　B. 通过试验室抽提结果

C. 根据所选用沥青的黏温曲线　　D. 根据沥青混合料拌和温度

5. 水泥混凝土路面采用滑模施工时要求最大水灰比不超过（　　）。

A. 0.42　　B. 0.44

C. 0.46　　D. 0.48

6. 三组混凝土的三块试件的抗压强度分别为：

①27.8MPa、26.6MPa、26.9MPa　　②26.8MPa、27.1MPa、32.4MPa

③21.4MPa、26.7MPa、33.2MPa　　④27.5MPa、27.6MPa、31.2MPa

测定值相同的是（　　）。

A. ①组与②组　　B. ②组与③组

C. ①组与③组　　D. ②组与④组

7. 高速公路和一级公路当施工气温低于（　　）时，必须采取相应措施。否则，应停止摊铺热拌沥青混合料。

A. 0℃　　B. 5℃

C. 10℃　　D. 15℃

8. 级配碎石适用于（　　）。

A. 高速公路的联结层　　B. 三级公路的面层

C. 四级公路的垫层　　D. 各级公路的基层和底基层

9. 对路面垫层所用材料的要求是（　　）。

A. 强度不一定高，但水稳性、隔温性要好

B. 强度要求高，水稳性好，但隔热性、吸水性可差一些

C. 强度要求高，水稳性可差一些，但隔热性、吸水性要好

D. 强度要求不高，水稳性可差一些，吸水性要好

10. 关于无机结合料基层施工注意事项，下列说法不正确的是（　　）。

A. 水泥稳定土基层水泥剂量不宜超过6%

B. 石灰稳定土基层分层施工时，下层碾压完成后，不能立即铺筑上一层，必须有7d的养生期

C. 水泥稳定土基层施工时，第二层必须在第一层养生7d后方可铺筑

D. 无机结合料基层施工时，严禁用薄层贴补的方法找平

11. 半刚性基层材料无侧限抗压强度应以（　　）龄期的强度为评定依据。

A. 7d　　B. 14d

C. 28d　　D. 90d

12. 关于二灰稳定粒料基层，下列说法正确的是（　　）。

A. 粒料的最大粒径不应超过19mm

B. 进行混凝土配合比设计时无侧限抗压强度偏差系数为10% ~15%时，作为平行试验的最少试件数量应不少于9个

C. 养生不可采用泡水养生法

D. 成品混合料堆放时间不应超过12h

13. 无机结合料基层裂缝产生的原因有（　　）。

A. 拌和均匀　　B. 集料级配中细料偏多

C. 养护及时　　D. 含水率为最佳含水率

14. 水泥混凝土中砂的分类依据主要是（　　）。

A. 级配　　B. 细度模数

C. 最大粒径　　D. 最小粒径

15. 沥青面层施工前，应浇洒透层油的情况是（　　）。

A. 旧沥青路面上加铺沥青层

B. 粒料的半刚性基层上

C. 水泥混凝土路面上铺筑沥青面层

D. 沥青面层的空隙较大，透水严重

16. 下列情况应洒布黏层的是（　　）。

A. 沥青混凝土面层的下面层和二灰稳定碎石基层之间

B. 沥青混凝土面层与检查井侧面之间

C. 半刚性基层上铺筑沥青层

D. 多雨地区空隙较大的沥青面层下部

17. 改性沥青的加工温度不宜超过（　　）。

A. 175℃　　B. 180℃

C. 185℃　　D. 190℃

18. 高速公路、一级公路水泥混凝土路面施工方法通常选用（　　）。

A. 小型机具　　B. 滑模摊铺机

C. 三辊轴机组　　D. 四辊轴机组

19. 高速公路的表面层沥青混合料的结合料应采用（　　）。

A. 煤沥青　　B. B级石油沥青

C. A级石油沥青　　D. 改性乳化沥青

20. 沥青混凝土路面的施工方法是（　　）。

A. 路拌法　　B. 厂拌法

C. 层铺法　　D. 贯入法

21. 稀浆封层混合料的加水量应根据施工摊铺和易性由（　　）确定。

A. 经验　　B. 稠度试验

C. 水袋法试验　　D. 和易性试验

22. SMA沥青路面不宜采用（　　）碾压，以防将沥青结合料搓揉挤压上浮。

A. 振动压路机　　B. 钢筒式压路机

C. 轮胎式压路机　　D. 羊足碾压路机

23. 沥青混合料生产过程中主要应检查（　　）。

A. 矿料级配、混合料出料温度和油石比　　B. 矿粉含量、出料温度和油石比

C. 拌和温度和油石比　　D. 石料含泥量、出料温度和油石比

24. 振捣器在每一位置振捣的持续时间，应以（　　）为准。

A. 拌和物继续下沉、不再冒气泡

B. 拌和物继续下沉、不断冒气泡

C. 拌和物停止下沉、不再冒气泡

D. 拌和物停止下沉、不断冒气泡

25. 按水泥混凝土路面接缝的用途，可将其分为（　　）。

A. 纵缝、横缝、工作缝　　B. 胀缝、横缝、缩缝

C. 胀缝、缩缝、工作缝　　D. 纵缝、胀缝、工作缝

26. 沥青路面的施工必须接缝紧密、连接平顺，不得产生明显的接缝离析，（　　）。

A. 纵缝必须热接，且上、下层的纵缝应错开150mm以上

B. 接缝可以采用冷接，但上、下层的纵缝应错开300～400mm以上

C. 相邻两幅及上、下层的横向接缝均应错位500mm以上

D. 采用热接缝时，上、下层纵缝可以不错开

27. 测定路表抗滑性能的仪器是（　　）。

A. 承载板　　B. 3m直尺

C. 贝克曼梁　　D. 摆式仪

28. 70号沥青混合料温度高于（　　）时应作废弃处理。

A. 185℃
B. 190℃
C. 195℃
D. 200℃

29. 施工现场必须做好交通安全工作，交通繁忙的路口应设置（　　），并有专人指挥。
A. 护栏
B. 标线
C. 标志
D. 信号灯

30. 热拌沥青混合料压实应采用（　　）压实。
A. 初压、复压、终压
B. 初压、复压
C. 一次性完成
D. 终压

二、多项选择题

1. 在进行沥青混凝土路面面层施工前，对水泥稳定碎石基层进行检测的项目有(　　)。
A. 强度
B. 弯沉
C. 压实度
D. 平整度
E. 厚度

2. 沥青路面细集料洁净程度指标包括（　　）。
A. 砂当量
B. 粒径小于 0. 075mm 颗粒含量
C. 亚甲蓝值
D. 洛杉矶磨耗损失
E. 压碎值

3. 下列对高速公路沥青混合料摊铺的表述正确的有（　　）。
A. 一台摊铺机的宽度不宜超过 9m
B. 摊铺前应预热熨平板，并不得低于 60℃
C. 摊铺采用自动找平方式，下面层宜采用钢丝绳高程控制方式，上面层宜采用平衡梁或雪橇式摊铺厚度控制方式
D. 铺筑改性沥青或 SMA 路面时宜采用非接触式平衡梁
E. 采用两台或多台摊铺机前后错开 50m，呈梯队方式同步摊铺

4. 通过热拌热铺沥青混合料路面试验段，我们可以获得（　　）等，用于指导施工。
A. 合理的机械组合方式
B. 松铺系数
C. 最佳的压实遍数
D. 压实度检测频率
E. 钻芯位置

5. 路面施工过程应加强粗集料加工特性质量控制，粗集料加工特性包括（　　）。
A. 级配组成
B. 针片状颗粒含量
C. 压碎值
D. 软石含量
E. 干密度

6. 高速公路沥青混凝土的配合比设计应经过的阶段有（　　）。
A. 材料选用、试验阶段
B. 目标配合比设计阶段

C. 生产配合比设计阶段
D. 生产配合比验证阶段
E. 合理油石比设计阶段

7. 评价沥青路面现场压实质量可以通过（　　）进行。

A. 平整度
B. 压实度
C. 现场空隙率
D. 强度
E. 渗水系数

8. 下列稳定类材料不适合作高速公路基层的有（　　）。

A. 二灰砂砾
B. 水泥土
C. 水泥砂砾
D. 二灰土
E. 水泥碎石

9. 对路面基层材料的主要要求是（　　）。

A. 足够的强度和刚度
B. 良好的水稳定性
C. 尽可能少的扬尘
D. 足够的抗滑性
E. 适当的抗磨耗能力

10. 路面基层、底基层摊铺、压实时对环境的潜在影响有（　　）。

A. 噪声
B. 扬尘
C. 植被破坏
D. 有害气体
E. 漏油

11. 关于水泥稳定碎石底基层施工，承包人的下列做法不符合规范要求的有（　　）。

A. 混合料可以采用路拌法或厂拌法拌和
B. 拌和时混合料的含水率应高于最佳含水率0.5%～1.0%
C. 碾压时，直线段由两侧向中心碾压，超高段由内侧向外侧碾压
D. 从加水拌和到碾压终了的延迟时间不得超过水泥的终凝时间
E. 工地气温低于5℃时不应进行施工

12. 对水泥稳定碎石基层厚度进行评定，下列结果被评为不合格的有（　　）。

A. 代表值小于设计值减允许偏差，单点合格率为80%
B. 代表值大于设计值减允许偏差，单点合格率为70%
C. 代表值大于设计值减允许偏差，单点合格率为95%
D. 代表值等于设计值
E. 代表值大于设计值

13. 水泥稳定土结构层施工时应注意的规定有（　　）。

A. 宜在春末或气温较高的季节组织施工
B. 配料要准确，洒水拌和要均匀
C. 应在混合料处于或略小于最佳含水率时进行碾压
D. 应在混合料处于或略大于最佳含水率时进行碾压
E. 水泥稳定土结构层施工完成后可以立即组织面层施工

14. 石灰土在碾压或养护中易出现龟裂，有效的防治措施有（　　）。

A. 碾压时混合料的含水率应略大于最佳含水率

B. 碾压时混合料的含水率应略小于最佳含水率

C. 加强混合料的粉碎和拌和，必要时进行二次拌和

D. 保证下承层的充分压实，下承层松散或软弹需彻底处理

E. 养生期间严禁大货车通行

15. 路面基层施工安全监理要点为（　　）。

A. 消解石灰不得在浸水时投料、翻拌

B. 撒铺及翻动粉状材料时，操作人员应站在上风侧

C. 稳定土路拌机作业时不能急转弯或原地转向

D. 当碎石撒布机出现故障时，应边撒布碎石边排除故障

E. 当碎石撒布机出现故障时，立即停止撒布碎石，排除故障后再继续施工

16. 选用水泥时，应通过混凝土配合比试验，根据其配制（　　）优选适宜的水泥品种、强度等级。

A. 弯拉强度　　B. 抗压强度

C. 工作性　　D. 耐久性

E. 气候条件

17. 根据基层类型选择渗透性好的（　　）作透层油。

A. 乳化沥青　　B. 改性乳化沥青

C. 液体沥青　　D. 煤沥青

E. 改性沥青

18. 沥青改性剂的主要技术要求有（　　）。

A. 制造改性沥青的基质沥青应与改性剂有良好的配伍性

B. 用作改性剂的 SBR 乳胶中固体物含量不宜小于 45%

C. 乳胶类改性剂不可直接投入拌和缸中生产改性沥青混合料

D. 改性沥青的加工温度越高越有利于改性剂作用的发挥

E. 改性沥青适合在温度较低的天气情况下施工

19. 水泥混凝土面层铺筑的施工方法有（　　）。

A. 小型机具铺筑　　B. 轨道摊铺机铺筑

C. 滑模机械铺筑　　D. 三辊轴机组铺筑

E. 碾压混凝土

20. 道路石油沥青分为 A 级沥青、B 级沥青、C 级沥青，其中 B 级沥青适用范围是(　　)。

A. 三级及三级以下公路的各个层次

B. 各等级公路的任何场合和层次

C. 高速公路及一级公路的下层面，二级及二级以下公路的各层次

D. 用做改性沥青、乳化沥青、改性乳化沥青、稀释沥青的基质沥青

E. 适用于等外级公路的各层次

21. 采用层铺法铺筑沥青表面处治路面的施工工艺有（　　）。

A. 浇洒透层沥青　　B. 洒布沥青

C. 撒铺矿料　　D. 铺撒嵌缝料

E. 碾压

22. 为了保证透层油的施工质量，在（　　）情况下不得喷洒透层油。

A. 气温低于15℃时　　B. 大风天气

C. 阴天　　D. 即将降雨时

E. 气温低于10℃时

23. 对于改性沥青路面施工质量控制，下列说法正确的是（　　）。

A. 气温低于8℃时，可进行改性沥青混合料路面施工

B. 改性沥青混合料碾压时严格控制碾压遍数，不得过度碾压

C. 改性沥青混合料采用轮胎压路机碾压时速度宜缓慢

D. 改性沥青混合料须在高温情况下进行碾压，坚持紧跟、慢压、高频、低振的原则

E. 初压开始温度不低于100℃，碾压终了的表面温度不低于50℃

24. 沥青混合料的压实温度（　　）。

A. 是一个确定值　　B. 有一个温度区间

C. 与沥青种类无关　　D. 由黏温曲线确定

E. 与压实机械有关

25. 水泥混凝土路面板的小型配套机具施工工作内容有（　　）。

A. 钢筋加工、测量、架设模板　　B. 搅拌、运输、振实

C. 拌和、摊铺、压实　　D. 提浆整平、真空脱水

E. 抗滑构造、切缝、磨平、灌缝、养生

26. 水泥混凝土路面常用的胀缝类型有（　　）。

A. 传力杆滑动型　　B. 边缘钢筋型

C. 厚边型　　D. 假缝传力杆型

E. 预应力传力杆型

27. 高速公路的沥青路面接缝应遵循的原则有（　　）。

A. 表面层横向接缝采用垂直的平接缝，也可采用自然碾压的斜接缝

B. 梯队作业时，纵缝应采用热接缝

C. 特殊原因产生纵向冷接缝时，可在未完全冷却时用镐刨除留下毛茬的方式

D. 使用切割机切割平接缝的方式不受时间限制

E. 沥青层较厚时可做阶梯形接缝

28. 沥青路面交工时应检查验收沥青面层的各项质量指标，包括（　　）。

A. 压实度　　B. 马歇尔稳定度
C. 渗水系数　　D. 构造深度
E. 厚度

29. 改善沥青混合料高温稳定性的措施有（　　）。
A. 采用改性沥青　　B. 降低沥青黏度
C. 增加粗集料　　D. 提高沥青黏度
E. 减少粗集料

30. 路面施工中环境保护监理工作应包括（　　）。
A. 开工前审批施工方案的环保措施
B. 注意沥青烟气污染的防治
C. 规定沥青拌和料废料的处理方法
D. 对施工过程中不符合环保要求的行为责令改正
E. 配置除尘设备后沥青拌和场可以布置在靠近人群活动的地点

三、判断题

1. 沥青混凝土粉胶比越大，抗车辙能力越强。（　　）

2. 水泥稳定土基层的配合比设计，主要目的是在满足规范要求的级配范围和设计强度的前提下，确定最佳的水泥剂量和最佳含水率。（　　）

3. 对沥青混合料矿料级配的抽检取样应在摊铺现场进行。（　　）

4. 水泥稳定碎石常用作高级沥青路面的基层。（　　）

5. 对水泥稳定类基层或底基层材料，强度越高越好。（　　）

6. 路面基层压实度代表值大于或等于标准值，且单点压实度均大于或等于规定极值时，方可评定其压实度合格率为100%。（　　）

7. 石灰土基层强度高，水稳定性好，耐磨性差，且缩裂少。（　　）

8. 水泥稳定混合料拌和厂，场地碎砾石、砂堆放对环境的潜在影响是噪声。（　　）

9. 沥青封层中沥青含量越大，防水能力越强，故封层中沥青含量越大越好。（　　）

10. 沥青混合料拌和时间越长越均匀，所以沥青混合料质量也越好。（　　）

11. SMA路面采用振动压路机碾压时，应遵循“紧跟、慢压、高频、低幅”的原则。（　　）

12. 采用三辊轴机组铺筑桥面铺装层，当桥面铺装厚度小于150mm时，可采用振捣梁振捣。（　　）

13. 水泥混凝土路面纵向接缝处设置传力杆，传力杆一般采用螺纹钢筋。（　　）

14. 路面厚度代表值小于设计厚度减去代表值允许偏差时，可以根据合格率计算得分。（　　）

15. 减少沥青混凝土路面水损害的办法是增加沥青用量、降低空隙率。（　　）

四、综合分析题

1. 某高速公路项目，路面面层为沥青混凝土，基层为级配碎石，监理工程师要求施工单位精心组织、科学施工，搞好现场技术质量管理。施工单位在施工前进行了测量放样、基层清扫、原材料和配合比试验，铺筑了沥青混凝土路面试验段，同时由总工程师进行了技术交底，强调了对沥青混凝土面层施工质量控制关键点的准备和检查。另外，还对其他现场技术管理制度制定了执行细则，加强质量检查控制，如开工前检查、工序检查和工序交接检查等。

问题：

（1）原材料中沥青的检查项目有哪些？

（2）铺筑沥青混凝土路面试验段的目的是什么？

（3）简述沥青混凝土路面施工中常见的质量控制关键点。

2. 某高速公路是国家的重点建设项目，全长199km，为双向六车道高速公路，路面全宽22.5m，表面层为改性沥青混凝土。结构为：20cm厚石灰稳定土底基层，18cm厚石灰粉煤灰稳定碎石基层，19cm厚水泥稳定碎石基层以及4cm厚改性沥青混凝土表面层，5cm厚沥青混凝土中面层，6cm厚沥青混凝土底面层。施工过程中发生如下事件。

事件1：石灰稳定土底基层采用路拌法施工，并采用8～10t压路机进行碾压，碾压后局部地方不是十分平整，工人采用薄层贴补的方法进行找平，碾压完成后立即进行保湿养护。

事件2：为使沥青面层与水泥稳定碎石基层结合良好，施工单位在基层上浇洒透层沥青。

事件3：施工单位按普通沥青混合料的要求进行改性沥青混合料面层施工，并多压了几遍。

问题：

（1）请指出事件1中石灰稳定土施工采取措施中的不妥之处。简述半刚性基层、底基层厂拌法施工质量控制要点。

（2）事件2中，一般情况下符合哪些情况应浇洒透层沥青？

（3）事件3中，施工单位对改性沥青混合料面层施工的做法是否正确？请补充改性沥青混合料施工要点。

3. 某施工企业承包了一段36.8km的四车道高速公路沥青混凝土路面工程，路面单幅宽11.25m。路面结构为：底基层为18cm的4.5%水泥稳定碎石；基层为36cm的6.0%水泥稳定碎石（分两层摊铺）；沥青混凝土面层为7cm的下面层，6cm的中面层和5cm的SMA表面层，桥上只铺5cm的SMA表面层，隧道内为水泥混凝土路面。合同规定沥青材料由建设单位提供，地方材料由施工单位自采。材料管理人员在查看过料场、进行了价格比选后，就开始进料，并完成了沥青混合料配合比设计。项目经理部按照各项要求，在完成了一系列的准备工作后，开始施工水泥稳定碎石底基层。施工中，施工人员发现其中一段800m长的底基层出现了横向裂缝和破损，经分析认为是由于集料级配和含水率问题，监理工程师要求施工单位进行整改以避免类似问题出现。

问题：

（1）如何尽量减少水泥稳定碎石基层横向裂缝？

（2）简述高速公路沥青混合料配合比设计步骤。

4. 某施工单位承接了某一级公路 M 合同段路面施工任务，起点桩号 K16 +000，终点桩号 K37 +300。路面面层为 26cm 厚 C30 水泥混凝土，采用滑模机械摊铺施工。为保证施工质量，项目部制定了水泥混凝土路面面层质量控制关键点。由于路面较宽，面层纵向分两次铺筑，施工单位按要求设纵向施工缝，施工缝采用平缝加拉杆型。施工中，监理工程师发现个别拉杆松脱，个别拉杆漏插。

问题：

（1）简述水泥混凝土路面面层的质量控制关键点。

（2）针对监理工程师发现的问题，施工单位应如何处理？

考点4　桥 梁 工 程

一、单项选择题

1. 顶推法施工的桥梁预制场地应设在桥台后面桥轴线的引道或引桥上，当为（　　）顶推时，为加速施工进度，可在桥两端均设场地，从两端相对顶推。

A. 单联　　B. 多联

C. 单点　　D. 多点

2. 水下混凝土灌注时间不得长于首批混凝土（　　）。

A. 终凝时间　　B. 初凝时间

C. 拌和时间　　D. 施工时间

3. 钻孔灌注桩按其支撑情况，有摩擦桩和（　　）两种。

A. 打入桩　　B. 端承桩

C. 沉入桩　　D. 群桩

4. 当上部结构为超静定结构的桥涵明挖基础，其地基为冻胀性土时，应将基底埋入冻结线以下不小于（　　）。

A. 1.0m　　B. 0.75m

C. 0.5m　　D. 0.25m

5. 关于钻孔桩施工，下列说法正确的是（　　）。

A. 孔底高程小于其设计高程时，可不清孔

B. 灌注首批混凝土时，导管下口至孔底的距离一般定为25～40cm，导管埋入混凝土中的深度不小于1.0m

C. 灌注混凝土过程中如出现导管进水，应停止灌注，待已浇混凝土强度达到一定后，再进行清孔和继续灌注

D. 导管埋深宜控制在2.0～8.0m

6. 用于钻孔灌注桩的水下混凝土与普通混凝土相比具有以下（　　）特点。

A. 砂率大，坍落度大　　B. 砂率大，坍落度小

C. 砂率小，坍落度大　　D. 砂率小，坍落度小

7. 桩的检验荷载为设计荷载的（　　）。

A. 1倍　　B. 2倍

C. 3倍　　D. 4倍

8. 钻孔桩孔底沉淀物厚度，对于柱桩不得大于（　　）。

A. 20cm　　B. 10cm

C. 5cm　　D. 3cm

9. 桥梁基础工程施工时，以下说法不正确的是（　　）。

A. 施工中，遇有流沙、涌沙或支撑变形等异常情况，应继续进行挖掘，不得停止，并不许撤出作业人员

B. 监理工程师应注意各类钻机在作业中，应由本机或机管负责人指定的操作人员操作，其他人不得登机

C. 挖孔桩施工中要经常保持孔内的通风

D. 管柱振动下沉作业前，施工单位应安排安全人员对邻近的建（构）筑物、临时设施及相邻管柱的安全和稳定进行检查

10. 梁式桥与拱式桥受力特征上表现的最大差别是在竖向荷载作用下，（　　）。

A. 梁式桥无水平反力，拱式桥有水平反力

B. 梁式桥有水平反力，拱式桥无水平反力

C. 梁式桥无水平反力，拱式桥无水平反力

D. 梁式桥有水平反力，拱式桥有水平反力

11. 适用于弯桥、坡桥、斜桥及大跨径桥的支座类型是（　　）。

A. 盆式支座　　B. 板式支座

C. 球形支座　　D. 滑板支座

12. 通常情况下，不适宜采用顶推法施工的是（　　）。

A. 斜拉桥　　B. 连续梁桥

C. 混凝土拱桥　　D. 简支梁桥

13. 下列关于桥梁受力特性的说法正确的是（　　）。

A. 简支梁桥在日照温差作用下将产生附加内力

B. 斜拉桥主梁属于压弯结构

C. 考虑连拱作用对拱圈是偏于危险的

D. 吊桥主梁属于简支结构

14. 拱桥转体施工时，竖转施工主要适用于（　　）。

A. 转体体积大的拱桥　　B. 转体质量不大的拱桥

C. 钢筋混凝土拱桥　　D. 钢管拱桥

15. 在斜拉桥主梁施工过程中，进行施工监控的测试项目主要有（　　）。

A. 形变、应力、强度　　B. 应力、强度、温度

C. 形变、应力、温度　　D. 形变、强度、温度

16. 在悬臂浇筑法施工采用桁架挂篮施工前，监理工程师应要求施工单位制定安全技术措施，挂篮组拼后要进行全面检查，并做（　　）。

A. 静载试验　　B. 强度试验

C. 动载试验　　D. 振动试验

17. 预制构件运输轨道平车速度要缓慢，速度不宜超过（　　）km/h。下坡时，要以溜绳控制速度，并用人工拖拉止轮木块跟随前进。纵坡不宜超过（　　）%。

A. 2，2　　B. 3，2

C. 2，3　　D. 3，3

18. 在测定成桥后的索力时，常采用（　　）。

A. 张拉千斤顶测定法　　B. 压力传感器测定法

C. 振动测定法　　D. 电阻应变测定法

19. 拱圈的施工必须在（　　）进行，避免因桥台水平位移而引起拱圈开裂。

A. 拱圈支架搭设完成后

B. 桥台填土达 2/3 高度后

C. 桥台填土完成后

D. 桥台圬工或混凝土强度达到设计要求后

20. 在选用模板时，应优先选用（　　）

A. 钢模板　　B. 木模板

C. 组合模板　　D. 自制模板

21. 预拱度是指为抵消梁、拱、桁架在荷载作用下产生的（　　），而在施工或制造时所预留的与位移方向相反的校正量。

A. 弯矩　　B. 扭矩

C. 挠度　　D. 压缩量

22. 后张法施加预应力时，若设计未作规定，混凝土强度不应低于设计强度的（　　）。

A. 60%　　B. 75%

C. 80%　　D. 100%

23. 先张法预应力筋，当钢丝、钢绞线采用具有自锚性能（如夹片式）的锚具时，其张拉程序为（　　）。

A. （低松弛力筋）0→初应力→$1.05\sigma_{con}$（锚固）

B. （低松弛力筋）0→初应力→$1.03\sigma_{con}$（锚固）

C. （低松弛力筋）0→初应力→σ_{con}（锚固）

D. （低松弛力筋）0→初应力→$0.95\sigma_{con}$（锚固）

24. 一般跨径的悬臂梁桥混凝土在支架上浇筑时，应（　　），其相邻跨悬臂应从悬臂向墩台进行。

A. 由墩台两端开始向跨中方向同时进行

B. 从跨中向两端墩台进行

C. 由墩台一端开始向另一端进行

D. 可以由墩台两端开始向跨中方向同时进行，也可以从跨中向两端墩台进行

25. 预应力混凝土连续梁中跨合龙应该在（　　）进行。

A. 一天中最高温度时　　B. 温度变化不大时

C. 一天中最低温度时　　D. 温度变化均匀时

26. 某高速公路施工过程中，承包人采取的下列措施中不能预防钢筋混凝土裂缝的

有(　　)。

A. 选用优质的水泥和优质的集料

B. 合理设计混凝土的配合比，避免水灰比过大

C. 混凝土振捣时要充分，浇筑后加强养护

D. 钢筋混凝土施工时注意垫足垫块

27. 施工区域宜与周边环境隔离，(　　) 处应有专人管理。

A. 管线　　B. 出入口

C. 照明设施　　D. 饮水

28. 在连续梁支架施工中，主要注意控制（　　）。

A. 拱架加载　　B. 支架基础

C. 卸架工艺　　D. 支架沉降

29. 在施工中发现文物、古迹时，应立即报告（　　）。

A. 文物行政主管部门　　B. 建设单位

C. 当地政府　　D. 项目经理

30. 灌注桩施工易产生泥浆、废水，应设置专用（　　）。

A. 沉淀池　　B. 过滤池

C. 净化池　　D. 消毒池

二、多项选择题

1. 对混凝土的强度，应制取试件检验其在标准养护条件下 28d 龄期的抗压极限强度。试件制取组数应符合下列规定（　　）。

A 不同强度及不同配合比的混凝土应在浇筑地点或拌和地点随机制取

B. 浇筑一般体积的结构物（如基础等）时，每一单元结构物应制取 1 组

C. 连续浇筑大体积结构物混凝土时，每一工作班应制取 1 组

D. 每片梁长 16m 以下应制取 1 组，16 ~ 30m 制取 2 组，31 ~ 50m 制取 3 组，50m 以上者不少于 5 组

E. 就地浇筑混凝土小桥涵，每一座或每一工作班制取不少于 2 组

2. 扩大基础在埋置深度和构造尺寸确定以后，需验算的内容包括（　　）。

A. 合力偏心距　　B. 稳定性

C. 强度　　D. 变形

E. 荷载

3. 钻孔灌注桩应用广泛，每一种成孔方法都有其适用对象，下列说法不正确的是(　　)。

A. 螺旋钻机成孔法适用于卵石、砾石地层

B. 潜水钻机成孔法适用于填土、淤泥、黏土、粉土、砾土等地层

C. 冲击钻机成孔法不适用于砾卵石层、岩溶发育岩层施工

D. 反循环回转法不适用于砂土层，适用于湿陷性黄土层和直径大于 20cm 的卵石层

E. 正循环钻孔法适用填土、淤泥、黏土、粉土和砂土等地层

4. 钻孔灌注桩清孔的方法有（　　）。

A. 抽浆　　B. 空压机喷射

C. 掏渣　　D. 加深钻孔深度

E. 砂浆置换

5. 在钻孔灌注桩中，以下对水下混凝土要求正确的是（　　）。

A. 水泥的强度等级应不低于 32.5 级，其初凝时间不早于 2.5h

B. 粗集料宜优先选用卵石，如采用碎石宜适当增加混凝土配合比的含砂率

C. 混凝土的含砂率宜为 40% ~50%

D. 除监理工程师另有许可，水泥用量应不少于 350kg/m^2

E. 水灰比宜为 0.5 ~0.6

6. 钻孔桩成孔质量检查项目主要有（　　）。

A. 孔的中心位置　　B. 孔径

C. 倾斜度　　D. 孔深

E. 基底承载力

7. 钻孔灌注桩要进行（　　）等项目检测。

A. 混凝土强度　　B. 泥浆相对密度

C. 护筒高度　　D. 孔径

E. 沉淀厚度

8. 桥梁基础砌体实测项目包含（　　）。

A. 砂浆强度　　B. 轴线偏位

C. 平面尺寸　　D. 基底应力

E. 顶面高程和基底高程

9. 重力式桥台的主要特点有（　　）。

A. 台身比较厚实　　B. 可以不用钢筋

C. 靠自身重量来平衡外力而保持其稳定　　D. 阻水面积较大

E. 能适用于复杂的软弱地质条件

10. 悬臂施工法适用于（　　）。

A. 连续刚构桥　　B. 斜拉桥

C. 混凝土拱桥　　D. 简支梁桥

E. 悬索桥

11. 预应力混凝土变截面连续梁桥常用的施工方法有（　　）。

A. 预制安装法　　B. 支架现浇法

C. 悬臂施工法　　D. 顶推法

E. 先简支后连续法

12. 箱梁的主要优点有（　　）。

A. 截面抗扭刚度大
B. 适应具有正负弯矩的结构
C. 受弯时截面均匀受力
D. 适用于悬臂、顶推施工
E. 截面抗扭刚度小

13. 转体施工按转动方向分为（　　）。

A. 竖向转体施工法
B. 平面转体施工法
C. 平竖结合转体法
D. 横向转体施工法
E. 立体转体施工法

14. 斜拉桥施工监控测试的主要内容有（　　）。

A. 变形：主梁线形、高程、轴线偏差、索塔的水平位移
B. 应力：拉索索力、支座力以及梁塔应力在施工过程中的变化
C. 温度：温度场及指定测量时间塔、梁、索的变化
D. 强度：基础、混凝土、钢筋、预应力筋及钢结构的质量
E. 长度：拉索长度、拉索伸长量等

15. 涵洞（基础和墙身）沉降缝处两端面要求应（　　）。

A. 竖直
B. 平整
C. 上下不交错
D. 间隙均匀
E. 上下交错

16. 斜拉桥拉索施工中以下哪些是正确的（　　）。

A. 由于拉索直径不大，可以用起重机吊钩直接起吊
B. 放索时，索体应贴在特制的滚轮上拖拉，并控制索盘转速
C. 拉索锚头损伤后必须更换
D. 平行钢丝拉索宜采用整体张拉，平行钢绞线拉索可用整体或分索张拉
E. 平行钢绞线拉索用分索张拉时，每根同级的索力允许误差为 ±1%

17. 斜拉桥拉索的运输和堆放要求（　　）。

A. 无破损
B. 无变形
C. 无污染
D. 无腐蚀
E. 无受潮

18. 悬索桥主缆基准索架设主要考虑的因素有（　　）。

A. 索道自重影响
B. 温度变化
C. 基准索与索鞍的相对固定性
D. 索鞍与索塔的相对固定性
E. 跨径变化

19. 装配式拱桥施工过程中，应配合施工进度对拱肋、拱圈的（　　）等项目进行观测。

A. 挠度和横向变形
B. 混凝土强度

C. 混凝土裂缝　　D. 墩台变位

E. 安装设施的变形和变位

20. 公路桥梁上部构造安装设备中，缆索吊装设备主要适用于（　　）上部构造工程。

A. 桁架梁　　B. 连续梁

C. 刚架拱　　D. 箱形拱

E. T 形梁

21. 关于模板、拱架和支架，下列说法正确的有（　　）。

A. 模板、拱架和支架的强度、刚度、稳定性应符合要求

B. 公路桥涵宜优先使用钢模板和木模板

C. 钢筋混凝土梁、板的底模板，当结构自重和汽车荷载（不计冲击力）产生的向下挠度超过跨径的 1/600 时，应设预拱度

D. 结构表面外露的模板，其挠度不应超过构件跨度的 1/400

E. 承重模板、拱架和支架，应在混凝土能够承受自重时才能拆卸

22. 模板、支架和拱架的设计原则为（　　）。

A. 具有足够的强度、刚度和稳定性

B. 模板板面平整、接缝严密不漏浆

C. 结构简单，制作、拆装方便

D. 尽量使用加工方便的木料

E. 混凝土结构外观符合要求

23. 桥梁的挠度，按产生原因可以分成（　　）。

A. 短期挠度　　B. 活载挠度

C. 冲击挠度　　D. 恒载挠度

E. 长期挠度

24. 在进行后张法预应力张拉时，需要检测（　　）。

A. 管道坐标　　B. 管道间距

C. 张拉伸长率　　D. 断丝滑丝数

E. 张拉应力值

25. 预应力混凝土连续刚构桥主要施工阶段为（　　）。

A. 下部结构施工　　B. 0 号块施工

C. 悬臂梁段施工　　D. 合龙施工

E. 临时固结解除及体系转换

26. 连续刚构桥中跨实际合龙温度与设计合龙温度不符时通常采取的措施为（　　）。

A. 等待

B. 实际温度高于设计温度时，采用顶开式强迫合龙

C. 实际温度低于设计温度时，采用拉拢式强迫合龙

D. 要求设计单位改变合龙温度

E. 采取加热或降温措施

27. 公路工程质量检验评定标准中，桥面铺装实测项目有（　　）。

A. 强度或压实度　　B. 桥面高程

C. 厚度　　D. 平整度

E. 横坡

28. 下列对柱或双壁墩混凝土浇筑的主要检验内容描述正确的有（　　）。

A. 柱或双壁墩断面尺寸要求检查 3 个断面

B. 相邻间距要求用尺量或测距仪测量（顶、中、底）3 处

C. 轴线偏位用经纬仪定出轴线检查 4 处

D. 大面积平整度要求用 2m 直尺检查

E. 墩、台身竖直度要求用垂线或经纬仪，每柱纵、横向各检查 2 处

29. 下列关于预应力混凝土桥梁施工的规定正确的是（　　）。

A. 混凝土的水泥用量不宜超过 500kg/m^3，最大不超过 550kg/m^3

B. 悬臂施工中挂篮行走时和混凝土浇筑时的稳定系数不小于 1.5

C. 预应力束张拉实际伸长量与理论伸长量之差应在 6% 以内

D. 后张法施工中，每个断面断丝之和不超过该断面钢丝总数的 2%

E. 孔遭压浆所用水泥浆的泌水率不超过 4%

30. 桥头跳车的防治措施包括（　　）。

A. 重视桥头地基处理，采用先进的台后填土施工工艺

B. 改善地基性能，提高地基承载力，减少差异沉降

C. 有针对性地选择台后填料，提高桥头路基压实度

D. 做好桥头路堤的排水、防水工程，设置桥头搭板

E. 提高对锚固件焊接施工质量的控制

三、判断题

1. 桥轴线超过 1 000m 的特大桥梁和结构复杂的桥梁施工过程应进行主要墩台的沉降变形监测，桥梁控制网应每年复测两次，以确保施工质量和安全。（　　）

2. 旱桥施工中只允许砍伐墩、台永久施工部分的植被，桥跨范围内的植被不得砍伐、清除。（　　）

3. 粉状外加剂结块后跟水泥一样，其化学成分发生变化，将影响使用效果，是不能使用的。（　　）

4. 扩大基础是由基础底面地基反力承担全部上部荷载的桥梁基础形式。（　　）

5. 桥梁钻孔桩施工，无论采用正、反循环钻机，均应采用减压钻进。（　　）

6. 明挖基础挖基完成后宜放置一两天后再进行基础施工。（　　）

7. 对桩身的完整性进行检验时，宜对所有桩采用无破损法进行检测。（　　）

8. 所有拱桥均对墩台产生水平推力。(　　)

9. 悬臂拼装法和悬臂浇筑法不同，不需要对0号块进行临时固结。(　　)

10. 转体施工安装方法分为平转和竖转两种，平转施工主要适用于转体重量不大的拱桥或某些桥梁预制部件（塔、斜腿、劲性骨架），竖转施工主要适用于刚构梁式桥、斜拉桥、钢筋混凝土拱桥及钢管拱桥。(　　)

11. 大跨径现浇混凝土拱桥，应沿拱跨方向分段浇筑，分段位置应以能使拱架受力对称，均匀和变形小为原则。(　　)

12. 支架和拱架可以支撑于除基础以外的结构物的任何部分。(　　)

13. 连续梁合龙顺序：按设计要求办理，设计无要求时，一般先边跨，后次中跨，再中跨。(　　)

14. 压浆时，每一工作班应留取不少于3组的150mm×150mm×150mm立方体试件，标准养护28d，检查其抗压强度，作为评定水泥浆质量的依据。(　　)

15. 桥台台背填土填筑顺序应符合设计要求，拱桥桥台台背填土宜在主拱圈安装或砌筑后完成，梁式桥的轻型桥台台背填土，宜在梁体安装完成前，在两侧平衡进行，柱式桥台台背填土，宜在两侧对称、平衡进行。(　　)

四、综合分析题

1. 某沿海大桥主墩基础有40根桩径为1.55m的钻孔灌注桩，实际成孔深度达50m。桥位区地质为：表层为5m的砾石，以下为37m的卵漂石层，再以下为软岩层。施工单位采用下列施工方法进行施工：

场地平整，桩位放样，埋设护筒之后，采用冲击钻进行钻孔。然后设立钢筋骨架，在钢筋笼制作时，采用搭接焊接，当钢筋笼下放后，发现孔底沉淀量超标，但超标量较小，施工人员采用空压机风管进行扰动，使孔底残留沉渣处于悬浮状态。之后，安装导管，导管底口距孔底的距离为35cm，且导管口处于沉淀的淤泥渣之上，对导管进行接头抗拉试验，并用1.5倍的孔内水深压力的水压进行水密承压试验，试验合理后，进行混凝土灌注，混凝土坍落度为18cm，混凝土灌注在整个过程中均连续均匀进行。

问题：

（1）在灌注水下混凝土时，导管可能出现的问题有哪些？

（2）试述灌注水下混凝土的技术要求。

2. 某二级公路上需建造一座跨度为30m的预应力混凝土简支梁桥，该桥使用不久即发现桥面下沉，底板混凝土开裂。建设单位召集有关人员到现场调查，并查阅了地质钻探资料、施工组织设计和施工记录。经查：桥位处地质为表面有厚5~7m不等的强风化泥岩，岩体破碎，裂隙发育，容许承载力只有0.12MPa，下层为中风化泥岩，单轴饱和抗压强度为12MPa，可以作为桥台持力层。施工组织设计文件中记载有：因缺乏吊装机具，决定采用整体现浇法施工，采用满堂式钢管支架，支架搭设前对地基表层作了加固处理，用木块支垫钢管。预拱度值是根据设计方提供的上部结构、混凝土收缩徐变以及活载一半作用下的理论挠度值，又计算了支架在荷载作用下的弹性变形和非弹性变形，以此作为施工预拱度值进行设置和分配，并对模板高程进行反复测量，满足要求。

问题：

（1）产生混凝土裂缝的原因是什么？

（2）施工单位在进行施工预拱度值计算时是否完整？为什么？

（3）简述30m后张法预应力T形梁的预制工序。

3. 某高速公路第五施工合同段地处城郊，主要工程为路基填筑施工。其中K48+010～K48+328段原为路基土方填筑，因当地经济发展和交通规划需要，经各方协商，决定将该段路基填筑变更为5×20m+3×36m+5×20m的预应力钢筋混凝土箱梁桥，箱梁混凝土强度等级为C40，梁桥下部为桩柱式结构，主墩基础为钻孔灌注桩，地质依次为5cm的砾石、37cm的漂石和软岩。箱梁在场地附近的平坦地预制，并对预制场地进行了处理，箱梁采用预制吊装，后张法施工。预应力混凝土箱梁在进行张拉过程中，N1-1束出现了锚垫板破碎及锚后混凝土开裂现象，N1-2束钢绞线出现断丝、滑丝超限等问题。

问题：

（1）试分析上述预应力筋束出现问题的原因，并提出可能的处理方法。

（2）试述后张法预应力张拉施工过程中质量控制要点及注意事项。

4. 某高速公路大桥跨径为65m+3×110m+65m，上部结构为变截面预应力混凝土连续箱梁，箱梁采用三角斜拉带式挂篮进行悬臂浇筑法对称施工。施工方在施工中以线形控制、边跨及跨中合龙段混凝土裂缝控制、张拉吨位及预应力束伸长量控制作为质量控制关键点。完成下部结构施工后，承包人先复测了墩台顶面高程和桥轴线，然后开始制作和安装扇形托架作为0号、1号块的工作平台，接下来立模、钢筋制作、浇筑0号和1号块混凝土。混凝土强度符合要求后，进行了预应力束张拉、孔道压浆，在梁底和墩顶之间浇筑临时混凝土垫块作为临时固结措施。组装挂篮、箱梁模板安装校正就位、钢筋制作、混凝土浇筑，混凝土强度满足要求后开始进行预应力束张拉、孔道压浆、拆模。移动挂篮就位，准备下一梁段的施工。合龙段劲性骨架制作就位、张拉临时束、箱梁合龙段混凝土施工，混凝土强度满足要求后进行预应力束张拉、孔道压浆、解除临时固结措施，将梁体转换成连续梁体系。

问题：

（1）0号、1号块施工完成后，需进行临时固结，采取临时固结措施的目的是什么？

（2）在"组装挂篮，箱梁模板安装校正就位"这一施工过程中，缺少一道关键施工工序，这一工序是什么？这道工序的作用是什么？实施这一工序时，常用的方法有哪些？

（3）箱梁混凝土浇筑时，为确保各节段混凝土结合完好，上、下节梁段的接触面应作何处理？预应力张拉前，对张拉设备（千斤顶、油泵等）应作何要求？

（4）箱梁合龙段混凝土施工应选择在一天中的什么时间进行浇筑？为什么？

（5）简述悬臂浇筑梁施工过程中的检验内容。

5. 某大桥桥位处中心里程为ZK77+526\YK77+500，大桥全长：左幅104m，右幅

165m。该桥交角为90°，桥址区地表水主要为水库水，水位呈季节性变化，主要接受大气降水补给，水量丰富。水库设计水位：380.2m，水库常水位：374.0m。桥梁位于分幅路段，左幅桥跨设计为3~30m，右幅桥跨设计为5~30m。本桥上部构造为30m跨预应力T梁，下部构造桥墩为柱式墩、桩基础，桥台为U形桥台，扩大基础。根据图纸设计要求，台背采用砂砾回填，底宽6.0m，形式为梯形，坡度为1:1。

问题：

（1）桥台明挖基础基坑检验的内容有哪些？

（2）桥涵及结构物的回填施工监理要点有哪些？

考点 5　交通安全设施

一、单项选择题

1. 帮助驾驶员夜间行车时，通过对车灯光的反射，了解前方道路的线形及走向，使其提前做好准备的安全设施是（　　）。

A. 指示标志　　B. 轮廓标志

C. 路面标线　　D. 指路标志

2. 不起诱导视线作用的交通安全设施是（　　）。

A. 突起路标　　B. 防撞筒

C. 轮廓标　　D. 指示标志

3. 标线长度的允许偏差为（　　）mm。

A. ±10　　B. ±20

C. ±40　　D. ±50

4. 混凝土护栏检验基本要求中规定，混凝土护栏块件的损边、掉角长度每处不得超过（　　），否则应及时修补。

A. 10mm　　B. 15mm

C. 20mm　　D. 25mm

5. 镀锌层附着量测试结果如发生异议，最终以（　　）测试结果为准。

A. 镀层测厚仪法　　B. 氯化锑法

C. 硫酸铜法　　D. A 和 B 两种方法测试结果的平均值

二、多项选择题

1. 隔离栅包括（　　）。

A. 土工网　　B. 玻璃纤维网

C. 编织网、钢板网　　D. 焊接网、刺铁丝

E. 电网

2. 视线诱导设施按功能可分为（　　）。

A. 轮廓标　　B. 分流合流诱导标

C. 指示和警告性线形诱导标　　D. 突起路标

E. 行道树

3. 交通标志外观质量检测项目包括（　　）。

A. 标志板平整度　　B. 标志面裂纹和气泡

C. 划痕、损伤、颜色不均匀性
D. 逆反射性能不均匀性
E. 耐候性能

4. 在交工验收阶段，下列检验项目中，属于波形梁护栏的检验项目有（　　）。
A. 镀层厚度
B. 光度性能
C. 护栏板拼接安装情况
D. 立柱长度
E. 立柱外边缘距路肩边缘距离

5. 公路用反光膜通常采用的反射结构形式有（　　）。
A. 镜面型
B. 透镜埋入型
C. 密封胶囊型
D. 微棱镜型
E. 镜面埋入型

三、判断题

1. 波形梁护栏一般由波形护栏板、托架、端头、紧固件和基础等组成。(　　)

2. 高速公路、一级公路路侧紧靠河流、水渠、池塘、湖泊等天然屏障的路段也应设置隔离栅。(　　)

3. 隔离栅的产品质量检测包括外观质量、镀层质量、几何形状与尺寸及材料性能 4 个方面。(　　)

4. 波形梁护栏板、立柱的镀锌层厚度一般要求不低于 80μm。(　　)

5. 防眩板单独埋设立柱时，基础混凝土浇筑后可立即安装上部构件。(　　)

四、综合分析题

1. 如果把标志的施工工序分为基础定位放样、基坑开挖、立模配筋、基础混凝土浇筑、标志立柱及标志板安装，你认为放样工序应注意些什么？

考点6 工 程 材 料

一、单项选择题

1. 采用抽芯法取得压实沥青混合料试件，当吸水率大于2%时，应使用（　　）。
A. 表干法　　B. 水中重法
C. 蜡封法　　D. 体积法
2. 高速公路沥青混合料设计步骤不包括（　　）。
A. 目标配合比设计阶段　　B. 生产配合比设计阶段
C. 生产配合比验证阶段　　D. 施工配合比设计阶段
3. 为了确定路基填土的最大干密度和最佳含水率，应做的试验有（　　）。
A. 液、塑限　　B. 重型击实
C. 回弹模量　　D. 颗粒分析
4. 绘制级配曲线时，通常（　　）。
A. 横坐标采用常坐标，纵坐标采用对数坐标
B. 横坐标采用对数坐标，纵坐标采用常坐标
C. 横坐标采用常坐标，纵坐标采用常坐标
D. 横坐标采用对数坐标，纵坐标采用对数坐标
5. 土工织物上填料为碎石、砂砾或矿渣时，其最大粒径宜小于（　　）。
A. 31.5mm　　B. 26.5mm
C. 19.0mm　　D. 17.5mm

二、多项选择题

1. 混凝土立方体抗压强度标准值的含义包括（　　）。
A. 按标准方法制作的150mm的立方体试件
B. 试件标准养护28d
C. 用标准方法测定的立方体抗压强度总体分布的一个值
D. 试件标准养护7d
E. 具有95%保证率的抗压强度
2. 透层沥青宜采用（　　）。
A. 快裂的洒布型乳化沥青　　B. 慢裂的洒布型乳化沥青
C. 中慢凝液化石油沥青　　D. 煤沥青
E. 快裂的石油沥青

3. 路基填方土一般进行的试验有（　　）。

A. 液、塑限、塑性指数

B. 含水率

C. 击实

D. 强度（CBR）

E. 烧失量

4. 土基干湿类型有（　　）。

A. 干燥

B. 中湿

C. 潮湿

D. 过湿

E. 超湿

5. 对砂子的细度模数计算式中，分子上减去 $5A_1$，解释完整的是（　　）。

A. 大于 5mm 颗粒为粗集料，应扣 $5A_1$

B. 大于 5mm 为粗集料，小于 5mm 筛孔有 5 级，A_1 被累计了 5 次

C. 大于 5mm 为粗集料，A_1 被累计了 5 次，应扣除 A_1

D. 从 5mm 以下各筛的累计筛余中分别扣除 5mm 筛上的累计筛余

E. 从 5mm 以上各筛的累计筛余中分别扣除 5mm 筛上的累计筛余

三、判断题

1. 石油沥青的标号是根据规定条件下的针入度、延度以及软化点值来确定的。（　　）

2. 袋装水泥在运输和储存时为防止受潮，堆垛高度不应超过 5 袋。（　　）

3. 粗颗粒含量较多的土是填筑路堤的良好材料。（　　）

4. 用做路面和桥面混凝土的粗集料可以使用不分级的统料。（　　）

5. 土工合成材料是指以人工合成的聚合物制成的各种类型产品，是岩土工程中应用的各种合成材料的总称。（　　）

第二部分　专项练习题参考答案及解析

考点 1　道路与桥梁基本知识

一、单项选择题

1. **答案：** A

解析： 路基横断面形式主要有路堤、路堑、半填半挖、零填路基 4 种类型。

2. **答案：** B

解析： 桥梁基础类型有明挖基础、桩基础、沉井基础等。

3. **答案：** D

解析： 水泥混凝土面板的刚度远大于基（垫）层和路基的刚度。在荷载作用下，它具有良好的扩散荷载的能力，所产生的弯曲变形远小于其厚度，因此，一般采用小挠度薄板理论进行分析。

4. **答案：** A

解析： 通常在一定压实条件下干密度的最大值，称为最大干密度，相应的含水率称为最佳含水率。

5. **答案：** B

解析： 根据《公路工程技术标准》（JTG B01—2003），一条公路应采用同一净高，高速公路、一级公路、二级公路的净高应为 5.00m，三级公路、四级公路的净高应为 4.50m。

6. **答案：** D

解析： 高速公路和一级公路路基填土压实宜采用振动压路机或 35～50t 的轮胎压路机进行。采用振动压路机碾压时，第一遍应不振动静压，然后先慢后快，由弱振至强振并遵循先轻后重，由内向外（弯道）由边向中（直线），纵向进退等原则。

7. **答案：** C

解析： 根据《公路工程质量检验评定标准》（JTG F80/1—2004）：

（1）工程质量评定等级分为合格与不合格，应按分项、分部、单位工程、合同段和建设项目逐级评定。

（2）分项工程涉及结构安全和使用功能的重要实测项目为关键项目（在文中以“△”标识），其合格率不得低于 90%（属于工厂加工制造的交通工程安全设施及桥梁金属构件不低于 95%，机电工程为 100%），且检测值不得超过规定极值，否则必须进行返工处理。

（3）评定为不合格的分项工程，经加固、补强或返工、调测，满足设计要求后，可以重新评定其质量等级，但计算分部工程评分值时按其复评分值的 90% 计算。

（4）合同段工程质量鉴定得分 = 合同段工程质量得分 − 外观缺陷减分 − 内业资料扣分。

8. **答案**：C

解析：拆除施工作业全过程中，必须严格监控如下：

（1）坚持从上至下逐层拆除，严禁立体交叉同时拆除。

（2）坚持先拆板后拆次梁再拆主梁，严禁顺序颠倒。

（3）坚持拆除梁和楼梯板时，必须从中间往两端基本对称进行；对凡是跨度和荷重较大的梁、楼梯板的拆除，还应视情况研究是否应落实加设预支护措施。上层楼梯未拆除前，绝不允许进入下节楼梯板的拆除；在楼梯板未拆除前，绝不允许进入下层及其以下楼梯的拆除。

二、多项选择题

1. **答案**：ABCE

解析：预应力混凝土连续梁桥的施工方法很多，主要有整体现浇、预制简支－连续施工、顶推施工、悬臂施工和移动式模架逐孔施工等方法。转体施工分为竖转法、平转法和平竖结合法，平转施工主要适用于刚构梁式桥、斜拉桥、钢筋混凝土拱桥及钢管拱桥，竖转施工主要适用于转体重量不大的拱桥或某些桥梁预制部件（塔、斜腿、劲性骨架）。

2. **答案**：CD

解析：大于 $2.2\times0.96=2.112$ 的测点干密度都是合格的。

3. **答案**：ABE

解析：桥梁全长的定义为有桥台的桥梁应为两岸桥台侧墙或八字墙尾墙间的距离；无桥台的桥梁应为桥面系长度。

标准跨径的定义是梁式桥、板式桥以两桥墩中线间距离或桥墩中线与台背前缘间距为准；拱式桥和涵洞以净跨径为准。

计算跨径对于具有支座的桥梁，是指桥跨结构相邻两个支座中心之间的距离。

总跨径是多孔桥梁中各孔净跨径的总和，它反映了桥下宣泄洪水的能力。

建筑高度是桥上行车路面（或轨顶）高程至桥跨结构最下缘之间的距离，它不仅与桥梁结构的体系和跨径的大小有关，而且还随行车部分在桥上布置的高度位置而异。

容许建筑高度是公路（或铁路）定线中所确定的桥面（或轨顶）高程，对通航净空顶部高程之差。

4. **答案**：BC

解析：挖掘机是将挖出的土石就近卸掉或配备一定数量的自卸车进行远距离的运送。推土机是以履带式或轮式拖拉机牵引车为主机，可完成铲土、运土、填土、平地、松土、压实以及清除杂物等作业，推土机的合理运距为 50～100m。铲运机一般分为小型、中型、大型和特大型四种；铲斗容积为小型和中型的合理运距为 100～350m；大型和特大型的合理运距为 800～1 500m。平地机是一种铲土、运土、卸土同时进行的连续作业机械，主要用于路基、砂砾、路面的切削、刮送和整平，以及土方工程中场地整形和平地作业。松土机的作用主要是疏松土地，不能完成取土、运土、铺筑、初压的功能。

5. **答案**：BC

解析：根据《公路工程技术标准》（JTG B01—2003）：特大桥是多孔跨径总长 $L>$ 1 000m，单孔跨径 $L_K>150$m；大桥是 100m≤L≤1 000m，40m≤L_K≤150m；中桥是 30m＜L＜100m，20m≤L_K＜40m；小桥是 8m≤L≤30m，5m≤L_K＜20m。

6. **答案**：ABC

解析：淤泥、淤泥质土及天然强度低、压缩性高、透水性小的一般黏土统称为软土。大部分软土的天然含水率为 30%～70%，孔隙比为 1.0～1.9，渗透系数为 10^{-8}～10^{-7}cm/s，压缩性系数为 0.005～0.02，抗剪强度低（快剪黏聚力在 10kPa 左右，快剪内摩擦角为 0°～5°），具有触变性和显著的流变性。

7. **答案**：ABDE

解析：预应力筋的下料长度应通过计算确定，计算时应考虑结构的孔道长度或台座长度、锚夹具厚度、千斤顶长度、焊接接头或镦头预留量、冷拉伸长值、弹性回缩值、张拉伸长值和外露长度等因素。

8. **答案**：BCD

解析：根据《公路工程质量检验评定标准》（JTG F80/1—2004）：

（1）分项工程评分值不小于 75 分者为合格；小于 75 分者为不合格。

（2）工程质量评定等级分为合格与不合格，应按分项、分部、单位工程、合同段和建设项目逐级评定。

（3）评定为不合格的分项工程，经加固、补强或返工、调测，满足设计要求后，可以重新评定其质量等级，但计算分部工程评分值时按其复评分值的 90% 计算。

（4）分项工程评分值＝分项工程得分－外观缺陷减分－资料不全减分。

三、判断题

1. **答案**：×

解析：路基强度是指在行车荷载作用下，路基抵抗变形的能力。

2. **答案**：√

解析：粗颗粒含量较多，土具有较高强度和稳定性，用以填筑路基是良好的材料，细颗粒含量较多，土的强度和稳定性较低。

3. **答案**：×

解析：根据《公路工程质量检验评定标准》（JTG F80/1—2004），严格控制各种矿料和沥青用量及各种材料和沥青混合料的加热温度，沥青材料及混合料的各项指标应符合设计和施工规范要求。沥青混合料的生产，每日应做抽提试验、马歇尔稳定度试验。矿料级配、沥青含量、马歇尔稳定度等结果的合格率应不小于 90%。

4. **答案**：√

解析：根据《公路工程质量检验评定标准》（JTG F80/1—2004），路面结构层厚度评定时沥青面层一般按沥青铺筑层总厚度进行评定，高速公路和一级公路分 2 ~ 3 层铺筑时，还应进行上面层厚度检查和评定。

5. **答案**：√

解析：根据《公路工程质量检验评定标准》（JTG F80/1—2004），实测项目的规定极值是指任一单个检测值都不能突破的极限值，不符合要求时该实测项目为不合格。

四、综合分析题

1. **答案**：

分项工程质量检验内容包括基本要求、实测项目、外观鉴定和质量保证资料四个部分。只有在其使用的原材料、半成品、成品及施工工艺符合基本要求的规定，且无严重外观缺陷和质量保证资料真实并基本齐全时，才能对分项工程质量进行检验评定。

考点2　路 基 工 程

一、单项选择题

1. **答案**：B

解析：依据《公路路基施工技术规范》（JTG F10—2006），各级公路路线平面控制测量宜采用导线测量方法进行。

2. **答案**：C

解析：路基范围内的原地基应在路基施工前按下列要求进行处理：

（1）路基用地范围内的树木、灌木丛等均应在施工前砍伐或移植清理，砍伐的树木应移置于路基用地之外，进行妥善处理。

（2）路堤修筑范围内，原地面的坑、洞、墓穴等，应在清除沉积物后，用合格填料分层回填、分层压实，压实度应不小于90%。

（3）原地基为耕地或松土时，应先清除有机土、种植土、草皮等，清除深度应达到设计要求，一般不小于15cm，平整后按规定要求压实。

（4）基底原状土的强度不符合要求时，应进行换填，换填深度应不小于30cm，并予以分层压实到规定要求。

（5）基底应在填筑前进行压实。高速公路、一级公路、二级公路路堤基底的压实度应不小于90%，当路堤填土高度小于路床厚度（0.8m）时，基底的压实度不宜小于路床的压实度标准。

（6）路堤填筑时，当原地面纵坡大于12%或横坡陡于1∶5时，应按设计要求挖台阶，或设置成坡度向内并大于4%、宽度大于2m的台阶。

3. **答案**：D

解析：依据《公路路基施工技术规范》（JTG F10—2006），施工准备有测量、试验、场地清理和试验路段。

4. **答案**：A

解析：依据《公路路基施工技术规范》（JTG F10—2006），在反复冻融地区，昼夜平均温度在－3℃以下，且连续10d以上，或者昼夜平均温度虽在－3℃以下，但冻土没有完全融化时，均应按冬季施工办理。

5. **答案**：A

解析：二级及二级以上公路路堤和填方高度小于1m的公路路堤，应将路基基底范围内的树根全部挖除并将坑穴填平夯实。填方高度大于1m的二级以下公路路堤，可保留树根，但树根不能露出底面，取土坑范围内的树根应全部挖除。

6. **答案**：A

解析： 依据《公路路基施工技术规范》（JTG F10—2006），土方开挖应自上而下进行，不得乱挖超挖，严禁掏底开挖。

7. **答案：** D

解析： 严格控制土的最佳含水率，要比增加压实功率效果好得多。

8. **答案：** A

解析： 土工合成材料在铺设时，应将强度高的方向置于垂直于路堤轴线方向。

9. **答案：** C

解析： 依据《公路路基施工技术规范》（JTG F10—2006），每种填料的填筑层压实后的连续厚度不宜小于500mm。

10. **答案：** C

解析： 填石路堤将填方路段划分为四级施工台阶、四个作业区段、八道工艺流程进行分层施工。四个作业区段正确的施工工艺顺序：分层填筑→平整→振动碾压→检测签认。

11. **答案：** B

解析： 重型击实方法主要用于测定填土的干密度与含水率的关系，从而确定土的最大干密度与最佳含水率。

12. **答案：** C

解析： 依据《公路土工试验规程》（JTG E40—2007），土的含水率试验以酒精燃烧法为室内标准方法。

13. **答案：** C

解析： 依据《公路路基施工技术规范》（JTG F10—2006），填石路堤填料粒径应不大于500mm，并不宜超过层厚的2/3，不均匀系数宜为15～20。路床底面以下400mm范围内，填料粒径应小于150mm。

14. **答案：** B

解析： 土作为路基建筑材料，砂性土最优，黏性土次之，粉性土属不良材料。

15. **答案：** D

解析： 依据《公路路基施工技术规范》（JTG F10—2006），压实工艺主要参数：机械组合；压实机械规格、松铺厚度、碾压遍数、碾压速度；最佳含水率及碾压时含水率允许偏差等。

16. **答案：** C

解析： 依据《公路路基施工技术规范》（JTG F10—2006），性质不同的填料，应水平分层、分段填筑、分层压实，同一水平层路基的全宽应采用同一种填料，不得混合填筑。每种填料的填筑层压实后的连续厚度不宜小于500mm，填筑路床顶最后一层时，压实后的厚度不小于100mm。

17. **答案：** D

解析： 依据《公路路基设计规范》（JTG D30—2004），地面横坡缓于1∶5时，在清除地表草皮、腐殖土后，可直接在天然地面上填筑路堤。地面横坡为1∶5～1∶2.5时，原地面应挖成台阶，台阶宽度不小于2m；地面横坡陡于1∶2.5地段的陡坡路堤，必须验算路堤整体沿基底及基底下软弱滑动的稳定性。拓宽原有路堤时，应在原有路基坡面开挖台阶，台阶宽度不应小于1.0m，当加宽拼接宽度小于0.75m时，可采取超宽填筑或翻挖原有路基等工程措施。

18. **答案**：B

解析：依据《公路工程质量检验评定标准》（JTG F80/1—2004），高速公路上路床压实度规定值为96%，规定极值为91%。评定时：$K \geqslant K_0$，且单点压实度K_i全部大于等于规定值减2个百分点时，评定路段的压实度合格率为100%；当$K \geqslant K_0$，且单点压实度全部大于等于规定极值时，按测定值不低于规定值减2个百分点的测点数计算合格率。$K < K_0$或某一单点压实度K_i小于规定极值时，该评定路段压实度为不合格，相应分项工程评为不合格。

19. **答案**：B

解析：对于单位工程或者是小型项目，由于受工作之间工艺关系的限制，可调整的幅度较小，通常用搭接作业的方法来调整施工进度计划；而对于大型项目，由于其单位工程较多且相互的制约比较小，可调整的范围比较大，所以一般采用平行作业的方法来调整施工进度计划。

20. **答案**：B

解析：路堑开挖前，开挖上方截水沟和下方挡土墙情况是环保监理应重点检查的。

21. **答案**：C

解析：依据《公路路基施工技术规范》（JTG F10—2006），泥炭、淤泥、冻土、强膨胀土、有机质土及易溶盐超过允许含量的土，不得用作路基填料；确需使用时，必须采取技术措施进行处理，经检验满足设计要求后方可使用。

22. **答案**：B

解析：反压护道施工宜与路堤同时填筑；分开填筑时，必须在路堤达到临界高度前将反压护道筑好。反压护道压实度应达到《公路土工试验规程》（JTG E40—2007）重型击实试验法测定的最大干密度的90%，或满足设计提出的要求。

23. **答案**：C

解析：依据《公路路基施工技术规范》（JTG F10—2006），中、粗砂中大于0.6mm颗粒的含量宜占总重的50%以上，含泥量小于3%，渗透系数大于5×10^{-2}mm/s。砂袋的渗透系数应不小于砂的渗透系数。袋装砂井井径的允偏差为+10mm，0mm。

24. **答案**：D

解析：封面包括抹面、捶面、喷浆、喷射混凝土等防护形式。抹面防护适用于易风化的软质岩石挖方边坡，岩石表面比较完整，尚无剥落；捶面防护适用于易受雨水冲刷的土质边坡和易风化的岩石边坡；护面墙用于封闭各种软质岩层和较破碎的挖方边坡以及坡面易受侵蚀的土质边坡；喷浆和喷射混凝土防护适用于边坡易风化、裂隙和节理发育、坡面不平整的岩石挖方边坡。

25. **答案：** C

解析： 依据《公路路基施工技术规范》（JTG F10—2006），施工前宜先完成临时排水设施。施工期间，应经常维护临时排水设施，保证水流畅通。

26. **答案：** A

解析： 依据《公路路基施工技术规范》（JTG F10—2006）5.2.1条规定，土质地段的边沟纵坡大于3%时应采取加固措施。

27. **答案：** C

解析： 依据《公路路基施工技术规范》（JTG F10—2006）8.7.4条确定，灌注桩桩身混凝土要求桩体灌注混凝土必须连续进行，是为了避免出现较弱的施工缝，保证混凝土的整体性和强度，并加快施工速度。

28. **答案：** D

解析： 依据《公路路基施工技术规范》（JTG F10—2006），锚索张拉时当实际伸长量大于计算伸长值的10%或小于5%时，应暂停张拉，查明原因并处理后，可继续张拉，故D项错误。

29. **答案：** B

解析： 依据《公路桥涵施工技术规范》（JTG/T F50—2011），涵洞完成后，应在涵洞砌体砂浆或混凝土强度达到设计标准的70%时方可填土。

30. **答案：** B

解析： 依据《公路路基施工技术规范》（JTG F10—2006），当墙身的强度达到设计强度的75%时，方可进行回填等工作。在距墙背0.5~1.0m以内，不宜用重型振动压路机碾压。

二、多项选择题

1. **答案：** ABCD

解析： 依据《公路工程施工监理规范》（JTG G10—2006），总监理工程师应在合同规定的期限内及时审批施工单位提交的施工组织设计，重点包括：

（1）施工组织设计的审批手续是否齐全有效。

（2）施工质量、安全、环保、进度、费用目标是否与合同一致。

（3）质量、安全、环保等保证体系是否健全有效。

（4）安全技术措施、施工现场临时用电方案及工程项目急救抢险方案是否符合要求。

（5）施工总体部署与施工方案和安全、环保等应急预案是否合理可行。

技术复杂或采用新技术、新工艺或在特殊季节施工的分项、分部工程和危险性较大的分部工程，应要求施工单位编制专项施工方案，并由驻地监理工程师审核，总监理工程师批准后实施。

2. **答案：** CDE

解析：雨季施工地段的选择：雨季路基施工地段一般应选择丘陵和山岭地区的砂类土、碎砾石和岩石地段和路堑的弃方地段。重黏土、膨胀土及盐渍土地段不宜在雨季施工；平原地区排水困难，不宜安排雨季施工。

3. **答案**：ABCDE

解析：前期准备和清理场地中安全监理工作内容主要有：①检查前期准备工作；②审查施工单位的资质；③审查施工组织设计或安全技术措施方案；④查验《开工报告》和《安全生产许可证》；⑤做好日常巡检；⑥做好拆除工程的安全工作。

4. **答案**：ABCDE

解析：监理工程师应做好以下准备工作：

（1）熟悉工程资料，掌握工程整体情况（包括工程环境影响区域）。

（2）编制施工环境保护监理规划。

（3）根据施工环境保护监理规划，编制各单位工程的环境保护监理实施细则。

（4）根据工程情况，配置必需的环境监测设备和仪器。

（5）建立环保工作网络，要求施工单位建立环境保护管理体系。

（6）审查施工单位编制的《施工组织设计》，对不符合工程环境要求的环节内容提出改正要求，对遗漏的环节和内容要求增补。

（7）审查取（弃）土场、采石场的选址，对生态敏感点和取（弃）土场、采石场进行必要的实地踏勘。

（8）审查施工单位的临时用地方案，所有便道、便桥、便隧，必须经监理工程师审批同意后才能使用。

（9）参加第一次工地会议，对施工单位进行环境保护监理交底。

（10）对现场试验室放射源的处置，监理工程师应全过程旁站监理，保证放射源得到妥善处置。

5. **答案**：CDE

解析：石质路堑开挖方式有：

（1）钻爆开挖：是当前广泛采用的开挖施工方法。有薄层开挖、分层开挖（梯段开挖）、全断面一次开挖和特高梯段开挖等方式。

（2）直接应用机械开挖：使用带有松土器的重型推土机破碎岩石，一次破碎深度约0.6～1.0m。该法适用于施工场地开阔、大方量的软岩石方工程。

（3）静态破碎法：将膨胀剂放入炮孔内，利用产生的膨胀力，缓慢地作用于孔壁，经过数小时达到300～500MPa的压力，使介质裂开。

6. **答案**：BCD

解析：依据《公路路基施工技术规范》（JTG F10—2006），高填方路堤填料宜优先采用强度高、水稳定好的材料，或采用轻质材料。受水淹、浸的部分，应采用水稳性和透水性均好的材料。基底处理应符合下列规定：

（1）基底承载力应满足设计要求。特殊地段或承载力不足的地基应按设计要求进行处理。

（2）覆盖层较浅的岩石地基，宜清除覆盖层。

高填方路堤填筑应符合下列规定：

（1）施工中应按设计要求预留路堤高度与宽度，并进行动态监控。

（2）施工过程中宜进行沉降观测，按照设计要求控制填筑速率。

（3）高填方路堤宜优先安排施工。

7. **答案：** BCD

解析： 路基填土压实作业应遵循“先轻后重、先慢后快、先边后中”的原则。

8. **答案：** ABCE

解析： 依据《公路路基施工技术规范》（JTG F10—2006），路堤试验路段施工应包括以下内容：

（1）填料试验、检测报告等。

（2）压实工艺主要参数：机械组合；压实机械规格、松铺厚度、碾压遍数、碾压速度；最佳含水率及碾压时含水率允许偏差等。

（3）过程质量控制方法、指标。

（4）质量评价指标、标准。

（5）优化后的施工组织方案及工艺。

（6）原始记录、过程记录。

（7）对施工设计图的修改建议等。

9. **答案：** ABD

解析： 依据《公路工程质量检验评定标准》（JTG F80/1—2004），土方路基的施工质量检测项目有压实度、弯沉、纵断高程、中线偏位、宽度、平整度、横坡和边坡坡度。

10. **答案：** DE

解析： 颗粒分析试验是测定干土中各种粒组所占该土总质量的百分数的方法；细度模数试验表征天然砂粒径的粗细程度及类别的指标；筛分试验测定砂的颗粒级配及评定砂的粗细程度；击实试验是研究土压实性质的基本方法；灌砂法试验是目前很多工程现场测定压实度的主要方法。

11. **答案：** BC

解析： 各选项均可依据《公路路基施工技术规范》（JTG F10—2006），填石路堤填料应符合以下规定：

（1）膨胀岩石、易溶性岩石不宜直接用于路堤填筑，强风化石料、崩解性岩石和盐化岩石不得直接用于路堤填筑。

（2）路堤填料粒径应不大于500mm，并不宜超过层厚的2/3，不均匀系数宜为15～20。路床底面以下400mm范围内，填料粒径应小于150mm。

（3）路床填料粒径应小于100mm。

填筑应符合以下规定：

（1）路堤施工前，应先修筑试验路段，确定满足孔隙率标准的松铺厚度、压实机械型号及组合、压实速度及压实遍数、沉降差等参数。

（2）路床施工前，应先修筑试验路段，确定能达到最大压实干密度的松铺厚度、压实机械型号及组合、压实速度及压实遍数、沉降差等参数。

（3）二级及二级以上公路的填石路堤应分层填筑压实。二级以下砂石路面公路在陡峻山坡地段施工特别困难时，可采用倾填的方式将石料填筑于路堤下部，但在路床底面以下不小于1.0m范围内仍应分层填筑压实。

（4）岩性相差较大的填料应分层或分段填筑。严禁将软质石料与硬质石料混合使用。

（5）中硬、硬质石料填筑路堤时，应进行边坡码砌，码砌边坡的石料强度、尺寸及码砌厚度应符合设计要求。边坡码砌与路基填筑宜基本同步进行。

（6）压实机械宜选用自重不小于18t的振动压路机。

（7）在填石路堤顶面与细粒土填土层之间应按设计要求设过渡层。

12. **答案**：ABCE

解析：依据《公路路基施工技术规范》（JTG F10—2006），泥炭、淤泥、冻土、强膨胀土、有机质土及易溶盐超过允许含量的土，不得用作路基填料。

13. **答案**：ABD

解析：依据《公路路基施工技术规范》（JTG F10—2006），路基填料应符合下列规定：

（1）含草皮、生活垃圾、树根、腐殖质的土严禁作为填料。

（2）泥炭、淤泥、冻土、强膨胀土、有机质土及易溶盐超过允许含量的土，不得用作路基填料；确需使用时，必须采取技术措施进行处理，经检验满足设计要求后方可使用。

（3）液限大于50%、塑性指数大于26、含水率不适宜直接压实的细粒土，不得直接作为路堤填料；需要使用时，必须采取技术措施进行处理，经检验满足设计要求后方可使用。

（4）粉质土不宜直接填筑于路床，不得直接填筑于冰冻地区的路床及浸水部分的路堤。

14. **答案**：ABCE

解析：影响压实效果的因素有土的类别、土的含水率、压实功能、压实厚度、压实工具和方法等。

15. **答案**：BCDE

解析：高填方路基沉降原因分析：

（1）路基施工前未认真设置纵、横向排水系统或排水系统不畅通，长期积水浸泡路基而使地基和路基土承载力降低，导致沉降发生。

（2）原地面处理不彻底，如未清除草根、树根、淤泥等不良土壤，地基压实度不足等因素，在静、动荷载的作用下，使路基沉降变形。

（3）在高填方路堤施工中，未严格按分层填筑、分层碾压工艺施工，路基压实度不足而导致路基沉降变形。

（4）不良地质路段未予以处理而导致路基沉降变形。

（5）路基纵、横向填挖交界处未按规范要求挖台阶，原状土和填筑土密度不同，衔接不良而导致路基不均匀沉降。

（6）填筑路基时，未全断面范围均匀分层填筑，而是先填半幅，后填另半幅导致发生不均匀沉降。

（7）施工中路基土含水率控制不严，导致压实度不足，而产生不均匀沉降。

（8）施工组织安排不当，先施工低路堤，后施工高填方路基。往往高填方路堤施工完成后就立即铺筑路面，路基没有足够的时间固结，而使路面使用不久就破坏。

（9）高填方路基在分层填筑时，没有按照相关规范要求的厚度进行铺筑，随意加厚铺筑厚度；压实机具按规定的碾压遍数压实时，压实度达不到规范规定的要求，当填筑到路基设计高程时，必然产生累计的沉降变形，在重复荷载与填料自重作用下产生下沉。

（10）路堤填料土质差，填料中混进了种植土、腐殖质土或泥沼土等劣质土，由于土壤中有机物含量多、抗水性差、强度低，路堤将出现塑性变形或沉陷破坏。

16. **答案**：ACD

解析：路基填方压实施工中容易发生“漏压”的部位是填挖交界处、靠近桥涵及各种构造物处、填方范围内的施工通道等。路基两侧一般要求超宽碾压。

17. **答案**：BE

解析：依据《公路工程质量检验评定标准》（JTG F80/1—2004），评定权值：压实度和弯沉都为3，横坡和边坡都为1，其他为2。

18. **答案**：BCDE

解析：工地干密度不小于最大干密度与规范要求压实度的乘积，即工地干密度不小于$19.4\times0.96=18.62\text{kN/m}^3$的测点干密度都是合格的。

19. **答案**：DE

解析：工地干密度不小于最大干密度与规范要求压实度的乘积，即工地干密度不小于$2.28\times0.93=2.12\text{g/cm}^3$的测点干密度都是合格的。

20. **答案**：BCD

解析：依据《公路路基施工技术规范》（JTG F10—2006），滑坡地带路基施工时，采用削坡减载方案整治滑坡，减载应自上而下进行，严禁超挖或乱挖，严禁爆破减载。

21. **答案**：ADE

解析：石方爆破作业中的安全技术要点：

（1）爆破相关手续是否齐全。

（2）爆破施工单位资质的审核。

（3）检查爆破影响范围内安全防范措施是否符合施工组织设计的要求，爆破前是否已落实。

（4）检查爆破器材出厂合格证、质量检验报告。

（5）检查爆破模拟试验结果。

（6）检查爆破孔位置、数量、孔深是否符合设计要求。

（7）检查炸药埋置品种、质量、深度和孔口及塞实情况。

（8）检查雷管线路网络是否符合设计要求。

（9）检查爆破结果是否达到了设计要求。

22. **答案：** ABC

解析： 各选项均可依据《公路路基施工技术规范》（JTG F10—2006），膨胀土地区路基施工，应避开雨季作业，加强现场排水，基底和已填筑的路基不得被水浸泡。膨胀土地区路基应分段施工，各道工序应紧密衔接，连续完成。路基边坡按设计要求修整，并应及时进行防护施工。膨胀土作为填料时应符合以下规定：强膨胀土不得作为路堤填料。中等膨胀土经处理后可作为填料，用于二级及二级以上公路路堤填料时，改性处理后胀缩总率应不大于0.7%。胀缩总率不大于0.7%的弱膨胀土可作为填料。膨胀土路基填筑松铺厚度不得大于300mm。

23. **答案：** ABCD

解析： 砂垫层主要起浅层水平排水作用；抛石挤淤将淤泥挤出基底范围，以提高路基的强度；砂井加速软弱地基排水固结；袋装砂井通常不作为基础支承桩，而只用作挤密土层，排出地下水，从而使土壤固结和土层挤密，以提高土壤的承载力；塑料排水板是运用排水固结法进行软基处理的良好垂直通道，大大缩短软土固结时间。

24. **答案：** ABD

解析： 砂垫层主要起浅层水平排水作用；塑料排水板是运用排水固结法进行软基处理的良好垂直通道，大大缩短软土固结时间；粉喷桩属于深层搅拌法加固地基方法的一种形式，也叫加固土桩；砂井加速软弱地基排水固结。

25. **答案：** AC

解析： 砌筑方法和要求：

（1）浆砌采用坐浆法施工，严禁干砌，片石间要相互咬扣紧密。

（2）片石间砂浆要饱满，片石与片石，片石和土之间不能直接贴靠。片石间不允许有空洞现象，缝隙须用砂浆填满捣实。

（3）对浆砌砌体应加强养护，以便砌体砂浆强度的形成和提高。一般气温条件下，在砌完后的10～12h以内，炎热天气在砌完后2～3h以内即须洒水养护。养护时间一般不少于7～14d。

（4）基坑严禁超挖，确保浆砌片石坐到压实土上，如出现超挖，采用加厚砌体处理，严禁在砌体下回填松土。

26. **答案：** ACD

解析： 依据《公路路基施工技术规范》（JTG F10—2006），挡土墙施工前，应做好截、排水及防渗设施。明挖基坑开挖宜分段跳槽进行，坑内积水应随时排干。挡土墙墙身应符合下列规定：

（1）墙身分层错缝砌筑，砌出地面后基坑及时回填夯实，完成顶面排水、防渗设施。

（2）伸缩缝与沉降缝内两侧壁应竖直、平齐，无搭叠；缝中防水材料应按设计要求施工。

（3）泄水孔应在砌筑墙身过程中设置，确保排水通畅，并应保证墙背反滤、防渗设施的施工质量。

（4）当墙身的强度达到设计强度的75%时，方可进行回填等工作。在距墙背0.5～1.0m以内，不宜用重型压路机碾压。

27. **答案：** ABDE

解析： 依据《公路路基施工技术规范》（JTG F10—2006），滑坡治理措施有：滑坡体四周作截水沟、削坡减载、加填压脚土、设置支挡工程、减少边坡坡度、排除滑坡体内地下水等。

28. **答案：** ABDE

解析： 依据《公路路基施工技术规范》（JTG F10—2006），抗滑桩开挖前，应整平孔口地面，设置地表截、排水及防渗设施。应分节开挖，每节高度宜为0.6～2.0m，分节不宜过长，不得在土石层变化处和滑动面处分节，挖一节立即支护一节。在滑动面处的护壁应加强，在承受较大推力的护壁和孔口加强衬砌的混凝土中应加钢筋。桩体灌注混凝土必须连续进行，是为了避免出现较弱的施工缝，保证混凝土的整体性和强度，并加快施工速度。

29. **答案：** BCD

解析： 依据《公路路基施工技术规范》（JTG F10—2006），孔深小于3m时，宜采用先注浆后插锚杆的施工工艺。当孔深大于3m时，安装普通砂浆锚杆宜先插入锚杆然后灌浆，灌浆应采用孔底注浆法，灌浆管应插至距孔底50～100mm，并随水泥砂浆的注入逐渐拔出，灌浆压强宜不小于0.2MPa。锚杆应安装在孔位中心。锚杆未插入岩层部分，必须按设计要求作防锈处理。砂浆锚杆安装后，不得敲击、摇动。普通砂浆锚杆在3d内，早强砂浆锚杆在12h内，不得在杆体上悬挂重物。必须待砂浆达到设计强度的75%后方可安装肋柱、墙板。

30. **答案：** ACD

解析： 增加挡土墙抗滑稳定性的措施有：

（1）设置倾斜基底，增加抗滑力和减少滑动力。

（2）采用凸榫基础，利用榫前土体产生的被动土压力以增加抗滑稳定性。

（3）采用人工基础或钢筋混凝土桩基础。

增加挡土墙抗倾覆稳定性的措施有：

（1）展宽墙趾，增加稳定力臂。

（2）改变墙面及墙背坡度，增加稳定力臂。

（3）改变墙身断面类型。

三、判断题

1. **答案：** ×

解析：依据《公路路基施工技术规范》（JTG F10—2006），羊足碾压路机适用于粉、黏土质砂的压实。

2. **答案：**×

解析：依据《公路路基施工技术规范》（JTG F10—2006），试验路段应选择在地质条件、断面形式等工程特点具有代表性的地段，路段长度不宜小于100m。

3. **答案：**×

解析：依据《公路路基施工技术规范》（JTG F10—2006），高度小于800mm的路堤、零填及挖方路床的加固换填宜选用水稳性较好的材料，但高速公路、一级公路路床压实度不宜小于96%。

4. **答案：**×

解析：依据《公路路基施工技术规范》（JTG F10—2006），岩性相差较大的填料应分层或分段填筑。严禁将软质石料与硬质石料混合使用。

5. **答案：**√

解析：高速公路和一级公路路基填土压实宜采用振动压路机或35～50t轮胎压路机进行。采用振动压路机碾压时，第一遍应不振动静压，然后先慢后快，由弱振至强振并遵循先轻后重，由内向外（弯道），由边向中（直线），纵向进退等原则。

6. **答案：**×

解析：击实或压实试验所得的干密度与含水率关系曲线上峰值点对应的干密度，称为最大干密度，相应的含水率称为最佳含水率。

7. **答案：**×

解析：土作为路基建筑材料，砂性土最优，黏性土次之，粉性土属不良材料。砂土作为筑路材料比砂性土差。

8. **答案：**√

解析：依据《公路路基施工技术规范》（JTG F10—2006），采用黏性土或透水性不良土填筑路堤时，应控制土的含水率，碾压时含水率控制在最佳含水率±2%范围内。

9. **答案：**×

解析：软土地基岩土试验应以室外原位试验为主，室内试验为辅。

10. **答案：**×

解析：依据《公路路基施工技术规范》（JTG F10—2006），抛石挤淤施工应选用不易风化的片石，片石厚度或直径不宜小于300mm。

11. **答案：**√

解析：依据《公路路基施工技术规范》（JTG F10—2006），塑料排水板超过孔口的长度应能伸入砂垫层不小于500mm，预留段应及时弯折埋设于砂垫层中，与砂垫层贯通，并采取保护措施。

12. **答案：**×

解析：对仰斜、垂直和俯斜式三种不同的墙背所受的土压力分析，在墙高和墙后填料等条件相同时，仰斜墙背所受的土压力最小，垂直墙背次之，俯斜墙背较大。

13. **答案：**×

解析：依据《公路路基施工技术规范》（JTG F10—2006），开挖桩群应从两端沿滑坡主轴间隔开挖，桩身强度不低于75%时可开挖邻桩。

14. **答案：**×

解析：依据《公路路基施工技术规范》（JTG F10—2006），当孔深大于3m时，安装普通砂浆锚杆宜先插入锚杆然后灌浆，灌浆应采用孔底注浆法。

15. **答案：**√

解析：填筑时，对涵洞缺口填土时应在两侧对称均匀地分层回填压实。如使用机械回填，则涵台胸腔部分及检查井周围应先用小型压实机械压实填好后，方可用机械进行大面积回填；涵顶填土压实厚度大于50cm时，方可行进重型机械和汽车，对桥梁构造物亦应做到台背两端对称施工，桥台背后的填土应与锥坡填土同时进行。

四、综合分析题

1. **答案：**

（1）①和②条是针对雨季施工提出的措施，③和④条是针对冬季施工提出的措施。

（2）施工方技术员提出的针对雨季施工措施合理，针对冬季施工提出的措施不合理，因为该工程不属于冬季施工范畴。

（3）根据《公路路基施工技术规范》（JTG F10—2006），填方路堤施工应符合下列规定：

①填料应选用透水性好的碎（卵）石土、砂砾、石方碎渣和砂类土等。利用挖方土作为填料，含水率符合要求时，应随挖随填及时压实。含水率过大难以晾晒的土不得用作雨季施工填料。

②雨季填筑路堤需借土时，取土坑的设置应满足路基稳定的要求。

③路堤应分层填筑，当天填筑的土层应当天或雨前完成压实。

挖方路基施工应符合下列规定：

①挖方边坡不宜一次挖到设计高程，应预留一定厚度的覆盖层，待雨期过后整修到设计坡面。

②雨季开挖路堑，当挖至路床顶面以上300～500mm时应停止开挖，并在两侧挖好临时排水沟，待雨季过后再施工。

③雨季开挖岩石路堑，炮眼应尽量水平设置。

2. **答案：**

（1）施工单位所采取的处理措施不妥当。

理由：同一类土在最佳含水率的情况下压实效果、压实后水稳性最好，其已经出现了弹软问题，说明土的含水率过大，增大压实功能更易造成土基的“弹簧”现象。

（2）弹软出现的原因：选土不当，土的含水率过大。

处理方法：①对弹簧部位的土进行翻晒，控制含水率，在接近最佳含水率 ±2% 时进行碾压。

②对弹簧部位的土进行换填；避免采用天然稠度小于 1.1、液限大于 40%、塑性指数大于 18 的土填筑。

③可采用戗灰处理，以降低土的含水率。

（3）监理工程师应下发《监理工程师通知》要求施工单位停止下一步施工，并应对 94 区第 4 层进行返工处理、处理完毕后，待监理工程师验收合格后方可进行下一步施工。

（4）监理检查和控制内容：①确定不同种类填土的最大干密度和最佳含水率；②检查和控制填土含水率；③分层填筑，分层碾压；④全宽填筑，全宽碾压；⑤外观检查；⑥压实度检查；⑦沉降观测（必要时）。

（5）不均匀沉降的防治处理措施有：①预压法；②平衡压重路堤法；③减轻桥台台背后填土荷载法；④桩基混凝土平衡板法；⑤桥头搭板；⑥采用过渡式路面。

3. 答案：

（1）具有较大吸水膨胀、失水收缩特性的高液限黏土称为膨胀土。膨胀土黏性含量很高，其中 0.002mm 的胶体颗粒一般超过 20%，黏粒成分主要由水矿物组成。土的液限 $W_L>40\%$，塑性指数 $I_P>17$，多数在 22 ~ 35。自由膨胀率一般超过 40%。按工程性质分为强膨胀土、中等膨胀土、弱膨胀土三类。膨胀土作为填料应符合以下规定：

①强膨胀土不得作为路堤填料。

②中等膨胀土经处理后可作为填料，用于二级及二级以上公路路堤填料时，改性处理后胀缩总率应不大于 0.7%。

③胀缩总率应不超过 0.7% 的弱膨胀土可作为填料。

（2）对中等膨胀土在路基填筑时的注意事项有：

①最好对中等膨胀土加工、改良后再使用。

②如果直接使用，应根据胀缩总率选择适宜的碾压机具。

③碾压时应将土块击碎至 5cm 以下。

④及时对边坡及顶部进行防护。

⑤在路堤与路堑交界地段，应采用台阶方式搭接，其长度不应小于 2m，并碾压密实。

在路堑开挖时的注意事项是：挖方边坡不要一次挖到设计线，需沿边坡预留厚度 30 ~ 50cm，待路堑挖完时，再削去边坡预留部分，并立即浆砌护坡封闭。

（3）粒料、非膨胀土或改性土。

4. 答案：

（1）砌体挡土墙施工的基本要求有：

①石料或混凝土预制块的质量和规格应符合有关规范和设计要求。

②砂浆所用的水泥、砂、水的质量应符合有关规范的要求，按规定的配合比施工。

③地基承载力必须满足设计要求。

④砌筑应分层错缝。浆砌时坐浆挤紧，嵌填饱满密实，不得有空洞；干砌时不得松动、叠砌和浮塞。

⑤沉降缝、泄水孔、反滤层的设置位置、质量和数量应符合设计要求。

（2）原因分析：

①路基填土高度较大时，未进行抗滑稳定性验算，同时未设护坡道。

②不同土质混填，纵向分幅填筑，路基边坡没有和路基同步填筑。

③路基边坡过陡，且无防护措施。

④基底位于斜坡地带，且未按规范要求设置横向台阶。

⑤填筑速度过快。

预防措施：

①高填方路堤应严格按设计边坡填筑，不得缺填。

②高填方路堤每层填筑厚度根据采用的填料，按规范要求进行。如果填料来源不同，性质相差较大时，应分层填筑，而不能分段或纵向分幅填筑。

③路基边坡应同路基一起全断面分层填筑压实。填筑宽度应比设计宽度大出20～50cm，然后削坡成型。

④半填半挖的高填方路堤一侧基底为斜坡时，应按规定挖好横向台阶，并应在填方路堤完成后，对设计边坡外的松散弃土进行清理。

⑤在工期安排上，应考虑分期填筑，每期留有足够的固结完成时间。

考点3　路 面 工 程

一、单项选择题

1. **答案：**D

解析：我国沥青路面和水泥混凝土路面规范均以双轮组单轴 100kN 作为标准轴载，以 BZZ-100 表示。将交通量中各级轴载转换算为 BZZ-100 后得到的轴载作用次数称为当量轴次（N/d）。

2. **答案：**C

解析：根据石料 SiO_2含量可分为酸性石料和碱性石料，SiO_2含量超过 65% 为酸性石料（砂石、花岗岩、流纹岩等）；低于 55% 为碱性石料（石灰石、玄武岩、辉长岩等）。碱性石料比酸性石料与乳化沥青有更好的黏附性。

3. **答案：**A

解析：热拌法沥青混合料路面施工的工序包括：①基层准备和放样；②摊铺；③碾压；④接缝施工。沥青混合料碾压过程分为初压、复压和终压三个阶段。为保证高速公路的平整度和密实度，高速公路铺筑双车道沥青路面的压实机械数量不宜少于 5 台。

4. **答案：**C

解析：依据《公路沥青路面施工技术规范》（JTG F40—2004），施工温度是沥青路面施工的重要参数，规范首先规定施工温度按黏温曲线确定。但它对改性沥青及 SMA 混合料是不适用的。实践证明如果按照黏温曲线并采用相同的等黏温度确定改性沥青的施工温度，实际上将会太高。

5. **答案：**B

解析：公路水泥混凝土路面滑模施工基本要求：路面混凝土满足耐久性要求的最大水灰比：高速公路、一级公路不应大于 0.44；二、三级公路不应小于 0.48。

6. **答案：**A

解析：水泥混凝土试验结果计算：以 3 个试件测值的算术平均值为例。如任一个测定值与中间值的差值超过中间值的 15%，则取中间值为测定值；如有两个测定值与中间值的差值均超过上述规定时，则该组试验结果无效。通过计算①组与②组测定值相同。

7. **答案：**C

解析：根据热拌沥青混合料摊铺的施工要点，当高速公路和一级公路施工气温低于 10℃、其他等级公路施工气温低于 5℃时，不宜摊铺热拌沥青混合料。

8. **答案：**D

解析：级配碎石适用于各级公路的基层和底基层。级配砾石、符合级配的天然砂砾、部分砾石经压制掺配而成的级配砾、碎石适用于轻交通的二级和二级以下公路的基层以及各级公路的底基层。

9. **答案**：A

解析：路面垫层所用材料强度不一定高，但水稳性和隔温性要好，常用的垫层材料有两类：一类为松散粒料，如砂、砾石、炉渣煤渣等组成的透水性垫层；另一类为石灰、水泥和炉渣稳定土等组成的稳定性垫层。

10. **答案**：C

解析：无机结合料基层施工注意事项：

（1）水泥稳定土基层水泥剂量不宜超过6%。

（2）水泥稳定土基层施工时，必须采用流水作业法，使各个工序紧密衔接。特别是要尽量缩短从拌和到完成碾压之间的延迟时间。

（3）水泥稳定土基层施工时，应做水泥稳定土的延迟时间对其强度影响的试验，以指导施工，确保不合格混合料不用于工程。

（4）水泥稳定土基层施工时，要综合考虑水泥终凝时间对施工运输车辆、运距、摊铺碾压时间的要求，必要时添加缓凝剂，确保施工顺利进行。

（5）水泥稳定土基层分层施工时，第二层必须在第一层养生7d后方可铺筑。铺筑第二层之前，应在第一层顶面洒少量水泥或水泥浆。

（6）石灰稳定土基层、石灰工业废渣稳定土基层，分层施工时，下层石灰稳定土碾压完成后，可以立即铺筑上一层石灰稳定土，不需要专门的养生期。

（7）无机结合料基层施工时，严禁用薄层贴补的办法进行找平。

（8）无机结合料基层施工宜在春末和气温较高的季节组织施工，施工期的日最低气温应在5℃以上，在有冰冻的地区，并应在第一次重冰冻（-3～-5℃）到来之前半个月到1个月内完成。

（9）如无机结合料基层上为薄沥青层，基层每边应较面层展宽20cm以上。在基层全宽上喷洒透层或黏层沥青或设下封层，沥青面层边沿向外侧做成三角形。

11. **答案**：A

解析：依据《公路工程质量检验评定标准》（JTG F80/1—2004），半刚性基层和底基层材料强度，以规定温度下保湿养生6d、浸水1d后的7d无侧限抗压强度为准。

12. **答案**：B

解析：二灰稳定粒料基层集料的最大粒径不应大于31.5mm（方孔筛）；进行混凝土配合比设计时无侧限抗压强度偏差系数 $C_v \leq 10\%$ 时，作为平行试验的最少试件数量应不少于6个；$C_v = 10\% \sim 15\%$ 时，为9个试件，$C_v > 15\%$ 时，为13个试件；二灰基层宜采用泡水养生法，养护期为14d；拌成混合料的堆放时间不宜超过24h，宜在当天尽快处理。

13. **答案**：B

解析：无机结合料基层裂缝原因分析：

（1）混合料中石灰、水泥、粉煤灰等比例偏大；集料级配中细料偏多，或石粉中性指数偏大。

（2）碾压时含水率偏大。

（3）成型温度较高，强度形成较快。

（4）碎石中含泥量较高。

（5）路基沉降尚未稳定或路基发生不均匀沉降。

（6）养护不及时、缺水或养护时洒水量过大。

（7）拌和不均匀。

14. **答案**：B

解析：在水泥混凝土中，砂子是主要原材料之一，其质量对混凝土强度有决定性关系，在含泥量等其他指标相同的条件下，细度模数越低，表示砂子颗粒越小，单位质量的砂子表面积越大，需水量增大，在胶凝材料用量相同的情况下，有降低混凝土强度的副作用。

15. **答案**：B

解析：符合下列情况，应浇洒透层沥青：

（1）沥青路面的级配砂砾、级配碎石基层。

（2）水泥、石灰、粉煤灰等无机结合料稳定土。

（3）粒料的半刚性基层上必须浇洒透层沥青。

16. **答案**：B

解析：符合下列情况，应浇洒黏层沥青：

（1）双层式或三层式热拌热铺沥青混合料路面在铺筑上层前，其下面的沥青层已被污染。

（2）旧沥青路面层上加铺沥青层。

（3）水泥混凝土路面上铺筑沥青面层，或桥面铺装前。

（4）与新铺沥青混合料接触的路缘石、雨水进水口、检查井等的侧面。

17. **答案**：B

解析：改性沥青在使用过程中一般应注意：改性沥青宜在固定式工厂或在现场设厂集中制作，也可在拌和厂现场边制造边使用，改性沥青的加工温度不宜超过180℃。胶乳类改性剂和制成颗粒的改性剂可直接投入拌和缸中生产改性沥青混合料。

18. **答案**：B

解析：高速公路、一级公路宜选能一次摊铺2～3个车道宽度（7.5～12.5m）的滑模摊铺机；二级及以下公路路面的最小摊铺宽度不得小于单车道设计宽度。

19. **答案**：C

解析：为严格控制路用材料质量，把好源头关，高速公路沥青应采用A级道路石油沥青，上面层和中面层推荐使用改性沥青，改性沥青的基质沥青质量应符合A级道路石油沥青的技术要求。

20. **答案**：B

解析：沥青混凝土路面采用厂拌法进行施工，这种方法称料准确、拌料均匀，操作简单，不仅施工进度快，而且质量容易保证，施工效果良好。

21. **答案：** B

解析： 稀浆封层混合料的加水量应根据施工摊铺和易性由稠度试验确定，要求的稠度应为2～3cm。

22. **答案：** C

解析： 改性沥青混合料路面宜采用振动压路机或钢筒式压路机碾压，不宜采用轮胎压路机碾压。

23. **答案：** A

解析： 沥青混合料拌和过程的质量控制主要包括三个方面：

（1）矿料级配控制：为了尽量减小设计级配与实际级配的差异，在设计生产配合比时，先要对冷料仓皮带转速与冷料的流量进行了解，从而测定出电机转速与上料流量之间的关系，这样生产时就能提高冷料之间的配合比精度。

（2）拌和温度控制：混合料温度过低会影响摊铺及碾压质量，另外还会造成碾压困难，但是温度过高又会引起沥青老化变硬，造成混合料性能衰减，所以在拌和中要严格控制拌和温度，间歇式拌和设备每盘拌和时间最好在45～50s，其中干拌时间不少于5～10s，以混合料拌和均匀为标准。

（3）油石比控制：沥青含量过大，会有过多的自由沥青在矿料之间起到润滑作用，会导致混合料的强度降低并产生泛油现象；如果沥青含量过小，则混合料难以压实并且空隙率过大，会造成路面的早期损坏，所以，要严格控制油石比，其误差要控制在0.3%以内。要对沥青的计量设备进行经常性的严格检测，特别是要对标准砝码进行校核和调整，并对沥青计量斗、排放阀门的严密性进行检查，以确保沥青计量的高准确度。

24. **答案：** C

解析： 振捣器在每一位置振捣的持续时间，应以拌和物停止下沉、不再冒气泡为准，且当水灰比小于0.45时，不宜少于30s，用插入式振捣器时，不宜少于30s。

25. **答案：** C

解析： 按作用的不同，接缝可分为缩缝、胀缝和施工缝三类，设置位置和构造应能满足三方面的要求：

（1）控制温度伸缩应力和翘曲应力所引起的开裂出现的位置。

（2）能提供一定的荷载传递能力。

（3）防止路表水下渗和坚硬杂物贯入缝隙内。

26. **答案：** B

解析： 沥青路面的施工必须接缝紧密，连接平顺，不得产生明显的接缝离析，上、下层的横向接缝应错位300～400mm以上。各层横向接缝均应采用垂直的平接缝，当摊铺采用梯队作业时，纵缝宜采用热接缝。

27. **答案：** D

解析： 摆式仪用来测定沥青路面、标线或其他材料试件的抗滑值，用以评定路面或材料试件在潮湿状态下的抗滑能力。此法是目前世界各国广泛采用的抗滑性能测试法，在我国也已普遍使用。

28. **答案：**C

解析：沥青的加热温度控制在规范规定的范围之内，即：150～170℃；集料的加热温度控制在160～180℃；混合料的出厂温度控制在140～165℃。沥青混合料最高温度（废弃温度）为195℃。混合料运至施工现场的温度控制在120～150℃。

29. **答案：**C

解析：施工现场必须做好交通安全工作。交通繁忙的路口应设立标志，并有专人指挥。夜间施工，路口、模板及基准线桩附近应设置警示灯或反光标志，专人管理灯光照明；摊铺机械停放在通车道路上，周围必须设置明显的安全标志，正对行车方向应提前200m引导车辆转向，夜间应以红灯示警。

30. **答案：**A

解析：热拌沥青混合料压实应采用初压、复压、终压三个阶段，初压用60～80kN双轮压路机以1.5～2.0km/h的速度先碾压2遍，使混合料得以初步稳定；随即用100～120kN三轮压路机或轮胎式压路机复压4～6遍，复压阶段碾压至无明显轮迹为止；终压是在复压之后用60～80kN双轮压路机以3km/h的碾压速度碾压2～4遍，以消除碾压过程中产生的轮迹，并确保路面表面的平整。

二、多项选择题

1. **答案：**ACDE

解析：在进行沥青混凝土路面面层施工前，应对水泥稳定碎石基层的功能和要求进行检测，检测项目包括：强度和刚度、稳定性、耐久性、表面平整度、抗滑性及不透水性（抗透性）等。

2. **答案：**ABC

解析：细集料的洁净程度，天然砂以粒径小于0.075mm含量的百分数表示，石屑和机制砂以砂当量（适用于0～4.75mm）或亚甲蓝值（适用于0～2.36mm或0.15mm）表示。

3. **答案：**CD

解析：依据《公路沥青路面施工技术规范》（JTG F40—2004），铺筑高速公路、一级公路沥青混合料时，一台摊铺机的铺筑宽度不宜超过6.0（双车道）～7.5m（3车道以上），通常宜采用两台或更多台数的摊铺机前后错开10～20m，呈梯队方式同步摊铺，两幅之间应有30～60mm左右宽度的搭接，并躲开车道轮迹带，上下层的搭接位置宜错开200mm以上；摊铺前应提前0.5～1.0h预热熨平板，温度不低于100℃；摊铺机应采用自动找平方式，下面层或基层宜采用钢丝绳引导的高程控制方式，上面层宜采用平衡梁或雪橇式摊铺厚度控制方式，中面层根据情况选用找平方式。直接接触式平衡梁的轮子不得黏附沥青。铺筑改性沥青或SMA路面时宜采用非接触式平衡梁。

4. **答案**：ABC

解析：试验段的长度应根据试验目的确定，通常宜为100～200m，宜选在正线上铺筑。热拌热铺沥青混合料路面试验段铺筑分试拌及试铺两个阶段，应包括下列试验内容：

（1）检验各种施工机械的类型、数量及组合方式是否匹配。

（2）通过试拌确定拌和机的操作工艺。

（3）通过试铺确定透层油的喷洒方式和效果、摊铺、压实工艺，确定松铺系数等。

（4）验证沥青混合料生产配合比设计，提出生产用的标准配合比和最佳沥青用量。

（5）建立用钻孔法与核子密度仪无破损检测路面密度的对比关系。

5. **答案**：ABD

解析：粗集料是指集料中粒径大于4.75mm（或2.36mm）的那部分材料，粗集料包括碎石、破碎砾石、筛选砾石、钢渣、矿渣等。路面施工过程应加强粗集料加工特性质量控制，粗集料加工特性包括表观相对密度、级配组成、针片状颗粒含量、软石含量等。

6. **答案**：BCD

解析：高速公路沥青混凝土的配合比设计应经过目标配合比设计阶段用于制定工程材料供应计划；生产配合比设计阶段以确定生产配合比的最佳用量；生产配合比验证阶段确定施工用的标准配合比以及各筛孔通过材料的允许范围，制定工程施工用的级配控制范围。

7. **答案**：BCE

解析：采用现场渗水试验指标控制路面渗水系数从另一方面保证了路面的压实度，现场空隙率对压实度有很大影响，而压实度则直接决定着沥青路面现场压实质量。

8. **答案**：BD

解析：（1）水泥稳定土可适用于各级公路的基层和底基层，但水泥稳定细粒土不能用做二级和二级以上公路高等级路面的基层。

（2）石灰稳定土适用于各级公路的底基层，以及二级和二级以下公路的基层，但石灰土不得用做二级公路的基层和二级以上公路高等级路面的基层。

（3）石灰工业废渣稳定土可适用于各级公路的基层和底基层，但二灰、二灰土和二灰砂不应做二级和二级以上公路高等级路面的基层。

9. **答案**：AB

解析：基层是面层的下卧层，它主要承受由面层传递的行车荷载垂直力，并将它扩散和分布到垫层和土基上；基层是路面结构的主要承重层，因此它应有足够的强度和刚度，并具有良好的扩散应力的能力；虽然基层位于面层之下，但仍然难以避免雨水从面层渗入，有可能还会受到地下水的浸湿，因此基层应具有足够的水稳定性，同时为了保证面层具有优良的平整度，还要求基层具有较好的平整度。

10. **答案**：ABDE

解析：路面基层、底基层摊铺、压实时对环境的潜在影响有噪声、漏油、扬尘、有害气体。

11. **答案**：ABD

解析：根据《公路路面基层施工技术规范》（JTJ 034—2004），水泥稳定土结构层宜在春末和气温较高季节组织施工。施工期的日最低气温应在5℃以上，在有冰冻的地区，并应在第1次重冰冻（-5～-3℃）到来之前半个月到一个月内完成。水泥稳定混合料应在中心拌和厂拌和，可采用间歇式或是连续式拌和设备。拌和要均匀，含水率要略大于最佳值（1%～2%），使混合料运到现场摊铺碾压时的含水率不小于最佳值；碾压时，直线段由两侧向中心碾压，超高段由内侧向外侧碾压；水泥稳定碎石混合料从加水拌和到碾压终了的延续时间宜控制在3～4h。

12. **答案：**AB

解析：在水泥稳定碎石基层厚度测定中，当厚度代表值大于等于设计厚度减去代表值允许偏差时，则按单个检查值的偏差不超过单点合格值来计算合格率；当厚度代表值小于设计厚度减去代表值允许偏差时，相应的分项工程评为不合格。

13. **答案：**ABD

解析：水泥稳定土结构层施工时的注意事项：

（1）水泥稳定土结构层宜在春末和气温较高季节组织施工。施工期的日最低气温应在5℃以上，雨季施工时要注意天气变化，勿使水泥和混合料遭雨淋。

（2）施工时土块应尽可能粉碎，最大尺寸不应超15mm，而且配料必须准确。

（3）水泥稳定土必须洒水、拌和均匀，路拌法施工时水泥也应摊铺均匀。且要严格控制基层厚度和高程，其路拱横坡应与面层一致。

（4）应在混合料处于或略大于最佳含水率时进行碾压，直到达到下列按重型击实试验法确定的要求压实度。

14. **答案：**ACDE

解析：石灰土、二灰土在碾压或养护中出现龟裂的预防措施：

（1）混合料在拌和碾压过程中，应经常检查含水率。含水率不足时，应及时洒水。应在混合料的含水率等于或略大于最佳值时进行碾压。

（2）加强混合料粉碎和拌和，对不易粉碎的黏土宜采用专用机械，并可采用二次拌和法。对超尺寸土块予以剔除。

（3）无论石灰土还是二灰土基层，均应保证下卧层的充分压实。在碾压过程中，如发现土过干或表层松散，应适当加水；如土过湿，发生"弹簧"现象，应采用挖开晾晒、换土、掺石灰或粒料等措施进行处理。

（4）养生期间，应禁止重型车辆通行。

15. **答案：**ABCE

解析：基层施工安全监理要点：

（1）消解石灰，不得在浸水的同时边投料、边翻拌，人员应远避，以防烫伤。

（2）装卸、撒铺及翻动粉状材料时，操作人员应站在上风侧，轻拌轻翻减少粉尘。散装粉状材料宜使用粉料运输车运输，否则车厢上应采用篷布遮盖。装卸尽量避免在大风天气下进行。

(3) 稳定土拌和机作业时不能急转弯或原地转向。

(4) 在碎石撒布机作业过程中，当碎石撒布机出现故障时，立即停止撒布碎石，排除故障后再继续施工。

16. **答案：**ACD

解析：混凝土路面用混凝土混合料的配合比设计是工程质量保障的重要关键技术。我国《公路水泥混凝土路面施工规范》（JTG F30—2003）明确规定，混凝土路面混合料的配合比设计在兼顾经济性的同时，应满足强度、工作性及耐久性三项技术要求。

17. **答案：**ACD

解析：透层材料一般称为透层油。应根据基层类型选择渗透性好的液体石油沥青、乳化沥青、煤沥青做透层油。级配砂砾、级配碎石等粒料基层宜采用较稠的透层沥青，而表面致密的半刚性基层宜采用渗透性好的较稀的透层沥青。

18. **答案：**ABC

解析：根据沥青改性剂的主要技术要求：

(1) 制造改性沥青的基质沥青应与改性剂有良好的配伍性，其质量宜 A 级或 B 级道路石油沥青的技术要求。

(2) 天然沥青可以单独与石油沥青混合使用或与其他改性沥青混融后使用。沥青的质量要求宜根据其品种参照相关标准和成功的经验执行。

(3) 用作改性剂的 SBR 胶乳中的固体物含量不宜少于 45%，使用中严禁长时间暴晒或遭冰冻。

(4) 改性沥青的剂量以改性剂占改性沥青总量的百分数计算，胶乳改性沥青的剂量应以扣除水以后的固体物含量计算。

(5) 改性沥青宜在固定式工厂或在现场设厂集中制作，也可在拌和厂现场边制造边使用，改性沥青的加工温度不宜超过 180℃。胶乳类改性剂和制成颗粒的改性剂可直接投入拌和缸中生产改性沥青混合料。

(6) 用溶剂法生产改性沥青母体时，挥发性溶剂回收后的残留量不得超过 5%。

(7) 现场制造的改性沥青宜随配随用，需作短时间保存，或运送到附近的工地时，使用前必须搅拌均匀，在不发生离析的状态下使用。改性沥青制作设备必须设有随机采集样品的取样口，采集的试样宜立即在现场灌模。

19. **答案：**ABCDE

解析：水泥混凝土面层铺筑的技术方法有小型机具铺筑、滑模机械铺筑、轨道摊铺机铺筑、三辊轴机组铺筑和碾压混凝土铺筑等五种方法。

小型机具铺筑一般用在县乡公路，三、四级公路，等外公路，旅游公路，村镇内道路与广场建设中。滑模机械摊铺技术在我国自 1991 年开始，经过多年推广应用，已经成为我国在高等级公路水泥混凝土路面施工中广泛采用的工程质量最高、施工速度最快、装备最现代化的高新成熟技术。凡是可使用轨道摊铺机的场合，均可使用滑模摊铺机。三辊轴机组铺筑比较适用于二、三、四级公路及县乡公路水泥混凝土路面的施工。碾压混凝土铺筑仅适用于二级以下水泥混凝土路面或复合式路面下面层。

20. **答案**：CD

解析：沥青路面采用的沥青标号，应按照公路等级、气候条件、交通条件、路面类型及在路面结构中的层位及受力特点、施工方法等，结合当地使用经验，经技术论证后确定。各沥青等级的适用范围如表1。

各沥青等级的适用范围表　　表1

沥青等级	适用范围
A级等级	各等级公路，适用于任何场合和层次
B级等级	高速公路及一级公路下面层，二级及二级以下的各层次。用作改性沥青、乳化沥青、改性乳化沥青、稀释沥青的基质沥青
C级等级	三级及三级以下公路的各个层次

21. **答案**：ABCE

解析：沥青表面处治是用沥青和细料矿料分层铺筑成厚度不超过3cm的薄层路面面层，通常采用层铺法施工，按照洒布沥青及铺撒矿料的层次的多少，可分为单层式、双层式和三层式三种。层铺法施工工序有：清理基层、洒布沥青、铺撒矿料、碾压、初期养护。

22. **答案**：BDE

解析：沥青路面各类基层都必须喷洒透层油，沥青层必须在透层油完全渗透入基层后方可铺筑。气温低于10℃或大风天气或是即将降雨时不得喷洒透层油。

23. **答案**：BD

解析：改性沥青路面压实与成型：

（1）改性沥青混合料除执行普通沥青混合料的压实成型要求外，还应做到：初压开始温度不低于150℃，碾压终了的表面温度应不低于90℃。

（2）摊铺后应紧跟碾压，保持较短的初压区段，使混合料碾压温度不致降得过低。碾压时应将压路机的驱动轮面向摊铺机，从路外侧向中心碾压。在超高路段则由低向高碾压，在坡道上应将驱动轮从低处向高处碾压。

（3）改性沥青混合料路面宜采用振动压路机或钢筒式压路机碾压，不宜采用轮胎压路机碾压。OGFC混合料宜采用12t以上钢筒式压路机碾压。

（4）振动压路机应遵循“紧跟、慢压、高频、低幅”的原则，即紧跟在摊铺机后面，采取高频率、低振幅的方式慢速碾压。这也是保证平整度和密实度的关键。

（5）施工过程中应密切注意混合料碾压产生的压实度变化，以防止过度碾压。

24. **答案**：BD

解析：依据《公路沥青路面施工技术规范》（JTG F40—2004），普通沥青结合料的施工温度宜通过在135℃及175℃条件下测定的黏度—温度曲线确定。缺乏黏温曲线数据时，可参照相关表选择，并根据实际情况确定使用高值或低值。当表中温度不符实际情况时，容许作适当调整。

25. **答案**：ABDE

解析：水泥混凝土路面小型机具施工工序为：

（1）选择拌和场地。

（2）备料和混合料配合比调整。

（3）测量放样。

（4）基层检验和整修。

（5）支立模板和安设钢筋（拉杆和传力杆）。

（6）拌和混凝土。

（7）运输混凝土。

（8）摊铺混凝土。

（9）振捣混凝土。

（10）提浆、刮平。

（11）铺放过滤布与气垫薄膜吸垫。

（12）真空处理。

（13）机械抹平。

（14）机械抹光。

（15）表面制毛。

（16）机械锯缝。

（17）拆模。

（18）填缝。

（19）养护。

（20）开放交通。

26. **答案**：ABC

解析：水泥混凝土板的胀缝常采用平缝形式，平缝也称真缝。缝隙宽为 20 ~ 25mm。对于交通繁重的道路，为保证混凝土板之间能有效地传递荷载，防止形成错台，应在胀缝处板厚中央设置滑动传力杆，并设置支架或其他方法予以固定。传力杆采用光面圆钢筋。其长度的一半再加 5cm，应涂以沥青或加塑料套，涂沥青端套上长约 8 ~ 10cm 的铁皮或塑料套筒，筒底与杆端之间留出宽约 3 ~ 4cm 的空隙，并用木屑与弹性材料填充，以利板的自由伸缩。在同一条胀缝上的传力杆，设有套筒的活动端最好在缝的两边交错布置。与构筑物或其他公路交叉的胀缝无法设传力杆时，可采用边缘钢筋型或厚边型。

27. **答案**：BCE

解析：沥青路面接缝处理：

（1）梯队作业采用热接缝，施工时将已铺混合料部分留下 20 ~ 30cm 宽暂不碾压，作为后摊铺部分的高程基准面，后摊铺部分完成立即骑缝碾压，以除缝迹。

（2）半幅施工不能采用热接缝时，采用人工顺直刨缝或切缝。铺另半幅前必须将边缘清扫干净，并涂洒少量黏层沥青。摊铺时应重叠在已铺层上 5 ~ 10cm，摊铺后将混合料人工清走。碾压时先在已压实路面行走，碾压新铺层 10 ~ 15cm，然后压实新铺部分，再伸过已压实路面 10 ~ 15cm，充分将接缝压实紧密。

（3）横接缝的处理方法：首先用 3m 直尺检查端部平整度。不符合要求时，垂直于路中线切齐清除。清理干净后在端部涂黏层沥青接着摊铺。摊铺时调整好预留高度，接缝处摊铺层施工结束后再用 3m 直尺检查平整度。横向接缝的碾压先用双轮双振压路机进行横压，碾压时压路机位于已压实的混合料层上伸入新铺层的宽为 15cm，然后每压一遍向新铺混合料方向移动 15 ~ 20cm，直至全部在新铺层上为止，再改为纵向碾压。

（4）纵向冷接缝上、下层的缝错开 15cm 以上，横向接缝错开 1.0m 以上。

28. **答案：**ACDE

解析：沥青混凝土路面的主要检验内容包括：沥青混凝土面层的压实度、平整度、弯沉值、渗水系数、摩擦因数、构造深度、厚度、中线平面偏位、纵断高程、路面宽度及横坡。

29. **答案：**ABC

解析：为了提高沥青混合料的高温稳定性，可采用提高黏结力和内摩阻力的方法。在混合料中增加粗集料含量，或限制剩余空隙率，使粗集料形成稳定而密实的空间骨架结构，就能提高混合料的内摩阻力。采用优质沥青，适当提高沥青材料的黏稠度，控制沥青与矿粉的比值，严格控制沥青用量，采用具有活性的矿粉（如石灰矿粉），以改善沥青与矿料的相互作用，就能提高混合料的黏结力。此外，在沥青混合料中使用掺入聚合物（如天然橡胶、合成橡胶、聚异丁烯、聚乙烯等）改性的沥青，也能取得较满意的效果。

30. **答案：**ABCD

解析：路面施工中环境保护监理工作包括：

（1）在路面工程开工前，监理工程师应审批施工方案的环保措施，尤其是对沥青拌和场选址方案的审批。要求沥青拌和场布置在远离人群活动的地点，并配置除尘设备。

（2）监理工程师根据工程情况，确定本阶段环保监理的巡视、旁站计划，对施工单位环保措施的执行效果进行复核。

（3）监理工程师应规定沥青拌和料废料的处置方法，并随时对执行情况进行巡检。

（4）监理工程师应特别注意沥青烟气的污染防治，在靠近水源的地区施工时，还应注意到水源保护问题。施工中应有重点地对沥青洒布过程进行旁站检查，防止沥青污染。

（5）对施工过程中不符合环保要求的行为，监理工程师可以发出监理指令，责令改正。

三、判断题

1. **答案：**√

解析：粉胶比越大，沥青混合料高温稳定性越好，进而提高路面的抗车辙能力。

2. **答案：**√

解析：水泥稳定土混合料的配合比设计指根据规范及设计对半刚性基层的技术要求，

选择合适的粒料、结合粒（水泥），确定水泥剂量以及混合料最佳含水率、最大干密度，用以指导施工，保证水泥稳定砂砾基层技术可靠、经济合理。

3. **答案：**×

解析：对沥青混合料矿料级配的抽检取样有：拌和厂、运料车、在道路施工现场取样时，应在摊铺后未碾压前，于摊铺宽度的两侧1/3～1/2位置处取样。

4. **答案：**√

解析：水泥稳定级配集料是当今国内外使用最普遍的一种半刚性基层材料，其中又以水泥稳定碎石性能最为优异，常用于高等级沥青路面的基层。

5. **答案：**×

解析：对水泥稳定类基层或底基层材料并不是强度越高越好，应综合考虑面层、垫层及土基材料的强度以及外界因素影响进行合理设计。

6. **答案：**×

解析：压实度代表值大于标准值，且单点压实度全部大于等于规定值减2个百分点时，评定路段的压实度合格率为100%，当代表值大于标准值且单点压实度全部大于或等于规定极值时，按测定值不低于规定值减2个百分点的测点数计算合格率。压实度代表值小于标准值或某一单点压实度小于规定极值时，该评定路段压实度为不合格，相应分项工程评为不合格。

7. **答案：**×

解析：石灰土板体性好，具有一定的抗拉强度，稳定性好，抗冻性强，强度和刚度随着龄期而增长，经济性好，但干缩温缩大，耐磨性差，抗疲劳性也稍差。

8. **答案：**×

解析：拌和楼除尘系统每天将产生大量回收粉尘，经试验室试验分析，塑性指数等指标符合沥青路面施工技术规范相关要求时，尽量回收利用，若不能使用时，应制定相应处理措施，不得随意倾倒。因此，水泥稳定混合料拌和厂场地碎砾石、砂堆放潜在环境影响是扬尘。

9. **答案：**×

解析：使用层铺法沥青表面处治铺筑上封层时，施工方法按层铺法表面处治工艺施工。其材料用量要求应符合有关规定。沥青用量可采用规定范围的中、低限。

10. **答案：**×

解析：拌和时间对质量的影响。一般拌和时间越长，沥青混合料越均匀，但是拌和时间也不能太长，由于太长的拌和时间会使沥青严重老化，影响混合料的质量。拌和时间一般为35～50s，最长不超过90s。

11. **答案：**√

解析：改性沥青SMA路面宜采用振动压路机或钢筒式压路机碾压。振动压路机应遵循“紧跟、慢压、高频、低幅”的原则。不得采用轮胎压路机碾压，以防沥青混合料被搓擦挤压上浮，造成构造深度降低或泛油。

12. **答案：**√

解析：三辊轴机组铺筑混凝土面层时，当铺装厚度小于150mm时，可采用振捣梁。应采用前进振动，后退静滚方式作业，最佳滚压遍数应经过试铺段确定。

13. **答案：**×

解析：纵缝有平缝、企口缝等形式，一般采用平缝加拉杆的形式，拉杆采用螺纹钢筋，其位置设在板厚的中央，而不是传力杆采用螺纹钢筋。

14. **答案：**×

解析：当厚度代表值大于等于设计厚度减去代表值允许偏差时，则按单个检查值的偏差是否超过极值来评定合格率和计算应得分数；当厚度代表值小于设计厚度减去代表值允许偏差时，则厚度指标评为零分。

15. **答案：**×

解析：沥青与集料的黏附性能主要受自身性质的影响。如沥青与矿料的化学成分、沥青与矿料表面的界面张力、沥青的黏性、矿料的空隙率、矿料的含水率和含泥量等。研究表明，若黏附性不足4级以上，沥青膜容易脱离，造成路面水损害。

四、综合分析题

1. **答案：**

（1）沥青检测项目有：①针入度；②软化点；③延度；④黏度；⑤蜡含量；⑥闪点；⑦溶解度；⑧密度；⑨老化后质量变化、残留针入度比、残留延度等。

（2）铺筑沥青混凝土试验段的目的是：确定松铺系数、施工工艺、机械配备、人员组织、压实遍数，并检查压实度、沥青用量、矿料级配、沥青混合料马歇尔各项技术指标等。

（3）沥青混凝土路面施工中常见的质量控制关键点有：

①基层强度、平整度、高程的检查与控制。

②沥青材料的检查与试验。

③集料的级配、沥青混凝土配合比设计和试验。

④路面施工机械设备配置与组合。

⑤沥青混凝土的运输及摊铺温度控制。

⑥沥青混凝土摊铺厚度的控制。

⑦沥青混凝土的碾压与接缝施工。

随着施工进度和影响因素的变化，质量控制关键点的设置要不断推移和调整。

2. **答案：**

（1）采用8～10t压路机进行碾压不妥，应采用18～20t三轮压路机和振动压路机进行碾压。采用薄层贴补的方法进行找平不妥，应挖除薄层处的材料，然后补料再进行重点碾压。半刚性基层、底基层厂拌法施工质量控制要点有：

①原材料经试验检验符合规范或合同要求，下承层经检验质量合格。

②经配合比试验检验混合料强度等技术指标合格。

③经试验段铺筑试验混合料能满足施工工艺要求，各项技术指标合格。

④施工拌和控制保证各种材料配合比准确，拌和均匀，石灰剂量能满足施工要求，石灰应充分消解、过筛后使用。

⑤在规定时间内完成混合料的运输、摊铺、碾压成型等工序，保证平整、密实，严禁薄层找补。

⑥按规定进行养生，水泥稳定类养生不少于7d，石灰稳定类养生不少于14d，养生期间应封闭交通。

⑦经自检合格后报验。

⑧无机结合料基层施工宜在春末和气温较高的季节组织施工，施工期的日最低气温应在5℃以上，在有冰冻的地区，并应在第一次重冰冻（-5～-3℃）到来之前半个月到一个月内完成。

（2）符合下列情况，应浇洒透层沥青：①沥青路面的级配砂砾、级配碎石基层；②水泥、石灰、粉煤灰等无机结合料稳定土；③粒料的半刚性基层上必须浇洒透层沥青。

（3）不正确。改性沥青混合料表面层施工温度（拌制、摊铺、碾压）比普通沥青混合料的施工温度高10～20℃。改性沥青混合料要随拌随用，如工程量大又需集中供料，需要储存时不宜超过24h，储存期间温降不应超过10℃，且不得发生结合料老化、滴漏及粗细料离析现象。运输中一定要覆盖。施工中应保持连续、均匀、不间断摊铺。摊铺后紧跟碾压，充分利用料温压实。因厚度为4cm，可采用高频低振幅的振动压路机碾压。接缝：纵向缝采用热接缝，横向缝采用平接缝或斜接缝。

3. **答案：**

（1）减少水泥稳定碎石基层横向裂缝的措施有：

①把好集料级配关，确保集料级配在规范规定的范围内，级配曲线为光滑曲线，粗粒料含量宜偏上限，细粒料含量宜偏下限，并严格控制细粒土的含量和塑性指数。

②在保证抗压强度满足要求的条件下尽量减少水泥的剂量。

③严格控制混合料碾压时的含水率，以不超过其最佳含水率为度。

④及时地保湿养生7d以上。

⑤养生期过后或不等7d的养生期结束，尽快摊铺上面层，或尽快施工下封层。

（2）高速公路沥青混合料配合比设计步骤有：

①目标配合比设计阶段。用工程实际使用的材料，优选矿料级配，确定最佳沥青用量，符合配合比设计技术标准和配合比设计检验要求，供拌和机确定各冷料仓的供料比例。

②生产配合比设计阶段。对间歇式拌和机，按规定方法取样测试各热料仓的材料级配，确定各热料仓的配合比，供拌和机控制室使用。同时选择适宜的筛孔尺寸和安装角度，尽量使各热料仓的供料大体平衡。并取目标配合比设计的最佳沥青用量OAC、OAC±0.3%等三个沥青用量进行马歇尔试验和试拌，通过室内试验及从拌和机取样试验综合确定生产配合比的最佳沥青用量，由此确定的最佳沥青用量与目标配合比设计的结果的差值不宜大于±0.2%。

③生产配合比验证阶段。拌和机按生产配合比结果进行试拌、铺筑试验段，并取样进行马歇尔试验，同时从路面上钻芯样观察空隙率的大小，由此确定生产用的标准配合比。标准配合比的矿料合成级配中，至少要包括 0.075mm、2.36mm、4.75mm 及公称最大粒径的筛孔的通过率，并接近优选的工程设计级配范围的中值。对确定的标准配合比，宜再次进行车辙试验和水稳定性检验。

④确定施工级配的允许波动范围。

4. **答案：**

（1）水泥混凝土路面施工中常见质量控制关键点有：

①基层强度、平整度、高程的检查与控制。

②混凝土材料的检查与试验。

③混凝土配合比设计和试件的试验。

④混凝土的水灰比、外加剂掺加量、坍落度控制。

⑤混凝土的摊铺、振捣、成型及避免离析。

⑥切缝时间和养生技术的采用。

水泥混凝土抗折强度与抗压强度的测定是混凝土材料质量检验的两个重要试验。

水泥混凝土抗折（抗弯拉）强度试验是以 150mm × 150mm × 550mm 的梁形试件在标准养护条件下达到规定龄期后，在净跨径 450mm 的双支点荷载作用下进行弯拉破坏，并按规定的计算方法得到强度值。水泥混凝土抗折强度是混凝土主要力学指标之一，通过试验取得的检测结果是路面混凝土组成设计的重要参数。

水泥混凝土抗压强度试验是以边长为 150mm 的正立方体标准试件，标准养护到 28d，再在万能试验机上按规定方法进行破坏试验测得抗压强度。当混凝土抗压强度采用非标准试件应进行换算得到抗压强度值。通过水泥混凝土抗压强度试验，可以确定混凝土强度等级，作为评定混凝土品质的重要指标。

（2）个别拉杆松脱、漏插，应在横向相邻路面摊铺前，钻孔重新植入。

考点4　桥 梁 工 程

一、单项选择题

1. **答案**：D

解析：按顶推装置和顶推工作可分为单点顶推法和多点顶推法，前者只在桥台附近设置一处顶推装置；后者除桥台处外，在各桥墩（或包括临时墩）顶部均设顶推装置。采用多点顶推时，各个顶推装置的顶推力较单点顶推的小，桥墩所受水平推力也较小，但各顶推装置应同步运行。

2. **答案**：B

解析：灌注水下混凝土的搅拌机能力，应能满足桩孔在规定时间内灌注完成。灌注时间不得长于首批混凝土初凝时间。若估计灌注时间长于首批混凝土初凝时间，则应掺入缓凝剂。

3. **答案**：B

解析：钻孔灌注桩按支撑情况分为摩擦桩和端承桩两种。摩擦桩是主要靠桩表面与地基之间的摩擦力支承荷载的桩，端承桩是主要靠桩的下端反力支承荷载的桩。

4. **答案**：D

解析：根据《公路桥涵地基与基础规范》（JTG D63—2007），桥涵墩台明挖基础和沉井基础的基底埋置深度应符合下列规定：

（1）当墩台基底设置在不冻胀土层中，基底埋深可不受冻深的限制。

（2）当上部为超静定结构的桥涵基础，其地基为冻胀性土时，均应将基底埋入冻结线以下不小于0.25m。

5. **答案**：B

解析：首批混凝土应满足埋置导管1.0m以上和填充导管底部，混凝土应连续灌注，灌注过程中，导管的埋置深度宜控制在2～6m。

6. **答案**：A

解析：水下混凝土配制：水泥初凝时间不宜早于2.5h，水泥的强度不宜低于42.5。粗集料优先选用卵石，细集料采用级配良好的中砂，集料的最大粒径不应大于导管内径的1/8～1/6和钢筋最小净距的1/4，同时不应大于40mm。混凝土配合比的含砂率为0.4～0.5，水灰比为0.5～0.6，坍落度为180～220mm。

7. **答案**：B

解析：桩的检验荷载为两倍设计荷载。如果加载达到两倍设计荷载后总沉降量不超过40mm，且最后一级加载引起沉降不超过前一级加载引起沉降的5倍，沉降在24h内稳定，则该桩可予以验收。

8. **答案**：C

解析：根据《公路桥涵施工技术规范》（JTG/T F50—2011），钻孔桩孔底沉淀厚度：

（1）对于摩擦桩应符合设计规定。设计未规定时，对于直径≤1.5m 的桩，沉淀厚度≤200mm；对桩径>1.5m 或桩长>40m 或土质较差的桩，沉淀厚度≤300mm。

（2）对于支承桩不大于设计规定；设计未规定时，沉淀厚度≤50mm。

9. **答案**：A

解析：详见《公路水运工程施工企业安全生产管理人员考核培训教材》。

10. **答案**：A

解析：梁式桥是一种在竖向荷载作用下无水平反力的结构，拱式桥的主要承重结构是拱圈和拱肋，这种结构在竖向荷载作用下，桥墩或桥台将承受水平反力。

11. **答案**：C

解析：球形支座各向转动性能一致，适用于弯桥、坡桥、斜桥、宽桥及大跨径桥，球形支座无承重橡胶块，特别适用于低温地区。

12. **答案**：C

解析：顶推法多应用于预应力钢筋混凝土等截面连续梁桥和斜拉桥梁的施工。适用范围：中等跨径的等截面梁、连续梁、简支梁、拱桥（桥面纵梁）、斜拉桥（主梁）等结构。不适应多跨变高梁，曲率变化的曲线桥和竖向曲率大的桥梁，受顶推悬臂弯矩的限制，顶推跨径大于70～80m 不经济。

13. **答案**：B

解析：斜拉桥的主梁属于弯矩和轴力共同作用的受力构件，属于压弯结构。

14. **答案**：B

解析：在竖转施工中拱肋制作时的平面位置相同，但拱肋在低位或靠山仰坡上制作，然后再从两边逐渐抬升或放倒预制拱肋搭接成桥。一般只在中、小跨径拱桥中使用，主要适用于转体重量不大的拱桥。

15. **答案**：C

解析：斜拉桥主梁施工监控测试的主要内容：

（1）变形：主梁线形、高程、轴线偏差、索塔的水平位移。

（2）应力：拉索索力、支座力以及梁塔应力在施工过程中的变化。

（3）温度：温度场及指定测量时间塔、梁、索的变化。

16. **答案**：A

解析：悬臂浇筑采用桁架挂篮施工时，应遵守下列规定：施工前，应组织有关人员进行安全技术交底，制定安全技术措施。挂篮组拼后，要进行全面检查，并做静载试验。

17. **答案**：B

解析：构件运输时，速度要缓慢，时速不宜超过3km/h。下坡时，要以溜绳控制速度，并用人工拖拉止轮木块，跟随前进。纵坡不宜超过2%。并应备有制动器，当纵坡坡度较大时，必须有相应的安全措施，方可运输。

18. **答案：**C

解析：目前国内工程实践中用于拉索索力测试的方法有很多，但对于成桥后的拉索索力的测量其中以振动频率法使用最为广泛。

19. **答案：**C

解析：拱圈的施工必须在桥台填土完成后进行，避免因桥台水平位移而引起拱圈开裂。

20. **答案：**A

解析：宜优先使用胶合板和钢模板。钢模板又称（免拆模板网）可替代木模板，显著地减少了通常与木材、胶合板或钢模板等传统模板对混凝土中的孔隙水压力及气泡的影响；钢模板（免拆模板网）结构混凝土浇筑成型后，形成了一个理想的粗糙界面。

21. **答案：**C

解析：预拱度指为抵消梁、拱、桁架等结构在荷载作用下产生的挠度，而在施工或制造时所预留的与位移方向相反的校正量。

22. **答案：**C

解析：根据《公路桥涵施工技术规范》（JTG/T F50—2011），后张拉预应力筋的张拉和锚固应符合下列规定：张拉时，结构或构件混凝土的强度、弹性模量（或龄期）应符合设计规定；设计未规定时，混凝土的强度应不低于设计强度等级值的 80%，弹性模量应不低于混凝土 28d 弹性模量的 80%。

23. **答案：**C

解析：先张法预应力筋张拉程序见表 2。

先张法预应力筋张拉程序 表 2

预应力筋种类	张拉程序
钢筋	0→初应力→$1.05\sigma_{con}$（持荷 2min）→$0.9\sigma_{con}$→σ_{con}（锚固）
钢丝、钢绞线	0→初应力→$1.05\sigma_{con}$（持荷 2min）→0→σ_{con}（锚固）
	对于夹片式等具有自锚性能的锚具： 普通松弛力筋 0→初应力→$1.03\sigma_{con}$（锚固）低松弛力筋 0→初应力→σ_{con}（持荷 2min 锚固）

24. **答案：**B

解析：采用有支架浇筑施工法时，悬臂和连续体系梁桥就地浇筑施工，施工时必须设法消除由于支架沉降不均匀而导致梁体在支承处的裂缝。浇筑混凝土时应从跨中向两端墩台进行，其邻跨也从悬臂端向墩、台进行，在墩台处设置接缝，待支架沉降稳定后，再浇筑墩顶处梁的接缝混凝土。

25. **答案：**C

解析：连续梁合龙宜在一天中气温最低时进行是为了使连续梁合龙后结合得更加紧密，待温度升高后，由于热胀冷缩的原理，合龙处会结合得更紧。

26. **答案**：D

解析：钢筋混凝土结构构造裂缝的防治措施：

（1）选用优质的水泥和优质的集料。

（2）合理设计混凝土的配合比，当水灰比过大时容易出现裂缝。

（3）避免混凝土搅拌时间过长后使用。

（4）加强模板的施工质量避免出现模板移动、鼓出等。

（5）避免出现支架下沉脱模过早、模板不均匀沉降。

（6）混凝土浇筑时要振动充分，混凝土浇筑后要加强养护工作。

（7）大体积混凝土应优选矿渣水泥、粉煤灰水泥等低水化热水泥，采用遮阳凉棚的降温措施，同一结构物不同位置的温差应在设计允许范围内。

27. **答案**：B

解析：施工区域宜与周边环境隔离，出入口处应有专人管理。边通车边施工的地段，应进行交通导流方案设计，并应设置交通防护、警示和引导的标志。必要时，应实施交通管制。

28. **答案**：D

解析：连续梁桥施工中常见的质量控制点：

（1）支架施工：支架沉降量的控制。

（2）先简支后连续：后浇段工艺控制、体系转换工艺控制、后浇段收缩控制、临时支座安装与拆除控制。

（3）挂篮悬臂施工：浇筑过程中的线形控制、边跨及跨中合龙段混凝土的裂缝控制。

（4）预应力梁：张拉力及预应力钢筋伸长量控制。

29. **答案**：A

解析：在施工中发现文物、古迹时，应立即报告文物行政主管部门。

30. **答案**：A

解析：灌注桩施工以及其他施工中产生的泥浆、废水，设置专用沉淀池，经过沉淀合格后再排放。

二、多项选择题

1. **答案**：ACD

解析：对混凝土的强度，应制取试件检验其在标准养护条件下 28d 龄期的抗压极限强度。试件制取组数应符合下列规定：

（1）不同强度及不同配合比的混凝土应分别制取试件，试件应在浇筑地点或拌和地点随机制取。

（2）浇筑一般体积的结构物（如基础、墩台等）时，每一单元结构物应制取 2 组。

（3）桩身混凝土抗压强度应符合设计规定，并按下列要求制取试件：每根钻孔桩至少应制取2组；桩长20m以上者不少于3组；桩径大、浇筑时间很长时，不少于4组。如换工作班时，每班应制取2组。

（4）连续浇筑大体积结构物混凝土时，每80~200m^3或每一工作班应制取2组。

（5）上部构造，主要构件长16m以下应制取1组，16~30m制取2组，31~50m制取3组，50m以上者不少于5组。小型构件每批或每一工作班应制取不少于2组。

（6）小型构筑物（小桥涵、挡土墙）每一座或每工作班制取不少于2组；当原材料和配合比相同，并由同一拌和站拌制时，可几座或几处合并制取2组。

2. **答案**：ABCD

解析：扩大基础在埋置深度和构造尺寸确定以后，应先根据最不利而且有可能情况下的荷载组合，计算出基底的应力，然后进行基础的合力偏心距、稳定性以及地基的强度（包括持力层、软弱下卧层的强度）的验算，需要时还应进行地基变形的验算。

3. **答案**：ACD

解析：螺旋钻机成孔法适用于淤泥、淤泥质土、黏性土、粉土、砂性土、杂填土及湿陷性黄土地层。

潜水钻成孔法适用于填土、淤泥、黏土、粉土、砂土等地层，也可在强风化基岩中使用，但不适用于碎石土层，不得用于漂石。

泥浆护壁成孔灌注桩的成孔方法较多，在基础施工过程中常用的有回转钻成孔、潜水钻成孔、冲击钻成孔等。正循环钻孔泥浆上返速度较低，排渣能力比较差，适用于填土、淤泥、黏土、粉土和砂土等地质成孔；反循环回转钻孔适用于填土、淤泥、黏土、粉土、砂土、砂砾等地质成孔。当采用圆锥式钻头时，可以在软岩层中成孔；当采用牙轮式钻头时，可以在硬岩层中成孔。

冲击钻成孔适用于填土、黏土、粉土、淤泥、砂土和碎石土层，也适用于砾卵石层、岩溶发育岩层和裂隙发育的地层，特别适合于有孤石的砂砾石层、漂石层、坚硬土层、岩层，对流沙层亦可克服。但对淤泥及淤泥质土，则应慎重使用。

4. **答案**：ABCE

解析：清孔的方法：抽浆法、换浆法、掏渣法、喷射清孔法以及用砂浆置换钻渣清孔法等，应根据设计要求、钻孔方法、机具设备和土质条件决定。

5. **答案**：BCDE

解析：钻孔灌注桩水下混凝土配制要求：

（1）可采用火山灰水泥、粉煤灰水泥、普通硅酸盐水泥或硅酸盐水泥，使用矿渣水泥时应采取防离析措施。水泥的初凝时间不宜早于2.5h，水泥的强度等级不宜低于42.5。

（2）粗集料宜优先选用卵石，如采用碎石宜适当增加混凝土配合比的含砂率。集料的最大粒径不应大于导管内径的1/8~1/6和钢筋最小净距的1/4，同时不应大于40mm。

（3）细集料宜采用级配良好的中砂。

（4）混凝土配合比的含砂率宜采用0.4~0.5，水灰比宜采用0.5~0.6。有试验依据时含砂率和水灰比可酌情增大或减小。

（5）混凝土拌和物应有良好的和易性，在运输和灌注过程中应无显著离析、泌水现象。灌注时应保持足够的流动性，其坍落度宜为180～220mm。

（6）每立方米水下混凝土的水泥用量不宜小于350kg，当掺有适宜数量的减水缓凝剂或粉煤灰时，可不少于300kg。

6. **答案**：ABCD

解析：钻孔桩终孔后质量检测主要项目有孔位、倾斜度、孔深、孔径、沉淀厚度和清孔后泥浆等指标。

7. **答案**：ADE

解析：根据《公路工程质量检验评定标准》（JTG F80/1—2004），钻孔灌注桩实测项目有混凝土强度、桩位、孔深、孔径、钻孔倾斜度、沉淀厚度和钢筋骨架底面高程。

8. **答案**：ABCE

解析：桥梁基础砌体实测项目有砂浆强度、轴线偏位、平面尺寸、顶面高程和基底高程。

9. **答案**：ABCD

解析：重力式桥墩与重力式桥台的主要特点是靠自身质量来平衡外力而保持其稳定，因此，墩、台身比较厚实，可以不用钢筋，而用天然石材或片石混凝土砌筑。它适用于地基良好的大、中型桥梁，或流冰、漂浮物较多的河流中。在砂石料方便的地区，小桥也往往采用。主要缺点是圬工体积较大，因而其自重和阻水面积也较大。

10. **答案**：ABC

解析：悬臂主要用于连续刚构桥、斜拉桥、混凝土拱桥等桥梁类型的施工。

11. **答案**：BC

解析：预应力混凝土变截面连续梁桥常用的施工方法有支架现浇法和悬臂施工法。

12. **答案**：ABD

解析：箱梁的优点：

（1）截面抗扭刚度大，结构在施工与使用过程中都具有良好的稳定性。

（2）顶板和底板都具有较大的混凝土面积，能有效地抵抗正负弯矩，并满足配筋要求，适应具有正负弯矩的结构。

（3）适应现代化施工的要求。

（4）承重结构与传力结构相结合，使各个部件都共同受力，同时截面效率指标高，并适合预应力混凝土空间布束，具有较好的经济效果。

（5）对于宽桥，由于抗扭刚度大，跨中无需设置横隔板就能获得满意的荷载横向分布。

（6）适合于修建曲线桥，具有较大的适应性。

（7）能很好适应布置管线等公共设施。

13. **答案**：ABC

解析：上部结构转体施工是跨越深谷、急流、铁路和公路等特殊条件下的有效施工方法，具有不干扰运输、不中断交通、不需要复杂的悬臂拼装设备和技术等优点，转体施工分为竖转法、平转法和平竖结合法。

14. **答案：**ABC

解析：斜拉桥主梁施工监控测试的主要内容：

（1）变形：主梁线形、高程、轴线偏差、索塔的水平位移。

（2）应力：拉索索力、支座力以及梁塔应力在施工过程中的变化。

（3）温度：温度场及指定测量时间塔、梁、索的变化。

15. **答案：**ABCD

解析：涵洞（基础和墙身）沉降缝处两端面应竖直、平整，上下不得交错。填缝料应具有弹性和不透水性，并应填塞紧密，缝宽20mm。

16. **答案：**BDE

解析：（1）施工中不得损伤索体保护层和索端锚头及螺纹，不得堆压弯折索体。不得用起重钩或易于对索体产生集中应力的吊具直接挂扣拉索，宜用带胶垫的管形夹具尼龙吊带起吊或设置多吊点起吊。放索时索体应贴在特制的滚轮上拖拉，并应控制索盘的转速，防止转速突变或倾覆。安装过程中锚头螺纹应包裹，及时清除拉索的包裹物。拉索防层和锚头损伤应及时修补并计入有关表格存档以便跟踪维护。

（2）拉索张拉可于塔端或梁端单端进行，也可顶升索鞍支座进行。平行钢丝拉索宜采用整体张拉，平行钢绞线拉索可用整体或分索张拉，分索张拉应按“分级”、“等力”的原则进行，每根同级的索力允许误差为±1%。

17. **答案：**ABD

解析：拉索在运输、堆放中应采取保护措施，保持完好，不能有破损、变形、腐蚀等情况发生。

18. **答案：**BCDE

解析：悬索桥主缆基准索架设时应考虑温度变化，基准索与索鞍、索鞍与索塔的相对固定性和跨径变化等因素。

19. **答案：**ACDE

解析：装配式拱桥施工过程中，应配合施工进度对拱肋、拱圈的挠度和横向位移、混凝土裂缝、墩台变位、安装设施的变形和变位等项目进行观测。

20. **答案：**CD

解析：在峡谷或水流湍急的河段上，或在通航的河流上需要满足船只顺利通行时可选用缆索吊装施工，缆索吊装由于具有跨越能力大，水平和垂直运输机动灵活，适应性广，施工比较稳妥方便等优点，在拱桥施工中被广泛采用。缆索吊装施工工序为：在预制场预制拱肋（箱）和拱上结构，将预制拱肋和拱上结构通过平板车等运输设备移运至缆索吊装位置，将分段预制的拱肋吊运至安装位置，利用扣索对分段拱肋进行临时固定，吊装合龙段拱肋，对各段拱肋进行轴线调整，主拱圈合龙，拱上结构安装完成。

21. **答案：**ADE

解析：（1）在计算荷载作用下，对模板、支架结构按受力工况分别验算其强度、刚度及稳定性。

（2）宜优先使用胶合板和钢模板。

（3）当结构自重和汽车荷载（不计冲击力）产生的向下挠度超过跨径的1/1 600时，钢筋混凝土梁、板的底模板应设预拱度，预拱度值应等于结构自重和1/2汽车荷载（不计冲击力）所产生的挠度。

（4）结构表面外露的模板，挠度为模板构件跨度的1/400；结构表面隐蔽的模板，挠度为模板构件跨度的1/250。

（5）钢筋混凝土结构的承重模板、支架，应在混凝土强度能承受其自重力及其他可能的叠加荷载时，方可拆除，当构件跨度不大于4.0m时，在混凝土强度符合设计强度标准值50%的要求后，方可拆除；当构件跨度大于4.0m时，在混凝土强度符合设计强度标准值75%的要求后，方可拆除。

22. **答案：**ABCE

解析：模板、支架的设计原则：

（1）宜优先使用胶合板和钢模板。

（2）在计算荷载作用下，对模板、支架结构按受力工况分别验算其强度、刚度及稳定性。

（3）模板板面之间应平整，接缝严密，不漏浆，保证结构物外露面美观，线条流畅，可设倒角。

（4）结构简单，制作、装拆方便。

23. **答案：**ABDE

解析：桥梁的挠度，根据产生原因可分成永久作用（结构自重力、桥面铺装、预应力、混凝土徐变和收缩作用等）产生的和可变作用（汽车、人群）产生的。永久作用产生的挠度是恒久存在的且与持续的时间有关，可分为短期挠度和长期挠度。

24. **答案：**CDE

解析：后张法预应力筋加工和张拉的主要检验内容：

（1）预应力筋的各项技术性能应符合要求，千斤顶、油表、钢尺等应检查校正。

（2）预应力管道坐标及管道间距，要求在梁长方向和梁高方向抽查30%，每根抽查10个点。

（3）张拉时的应力值、张拉伸长率和张拉断丝、滑丝数。

25. **答案：**ABCD

解析：预应力混凝土连续刚构桥的主要施工阶段为：下部结构施工、0号块施工、悬臂梁段施工和合龙施工。连续刚构桥不需要进行体系转换。

26. **答案：**ABC

解析：连续刚构桥中跨实际合龙温度与设计合龙温度不符时通常采取的措施为：

（1）等待。

（2）实际温度高于设计温度时，采用顶开式强迫合龙。

（3）实际温度低于设计温度时，采用拉拢式强迫合龙。

27. **答案：**ACDE

解析：桥面铺装实测项目有强度、压实度、厚度、平整度、横坡和抗滑构造深度五项。

28. **答案：**ABCE

解析：柱或双壁墩混凝土浇筑的主要检验内容：

（1）混凝土强度要求按水泥混凝土抗压强度评定标准检查，必须在合格标准内。

（2）柱或双壁墩断面尺寸、顶面高程和轴线偏位：

①柱或双壁墩断面尺寸要求检查3个断面。

②柱（墩）顶高程要求用水准仪检查。

③轴线偏位要求用经纬仪定出轴线，检查4处。

（3）墩、台身竖直度和相邻间距：

①墩、台身竖直度要求用垂线或经纬仪，每柱纵、横向各检查2处。

②相邻间距要求用尺量或测距仪测量（顶、中、底）3处。

29. **答案：**ABCE

解析：后张法施工中，每个断面断丝之和不超过该断面钢丝总数的1%。

30. **答案：**ABCD

解析：桥头跳车的防治措施有：

（1）重视桥头地基处理，采用先进的台后填土施工工艺。选用合适的压实机具，确保台背及时回填，回填压实度达到要求。

（2）改善地基性能，提高地基承载力，减少差异沉降。保证足够的台前预压长度。连续进行沉降观测，保证桥头沉降速率达到规定范围内再卸载。确保桥头软基处理深度符合要求，严格控制软基处理质量。

（3）有针对性地选择台后填料，提高桥头路基压实度。如采用砂石料等固结性好、变形小的填筑材料处理桥头填土。

（4）做好桥头路堤的排水、防水工程，设置桥头搭板。

（5）优化设计方案、采用新工艺加固路堤。

三、判断题

1. **答案：**×

解析：桥轴线超过1 000m的特大桥梁和结构复杂的桥梁的施工过程，应进行主要墩、台（或塔、锚）的沉降变形监测（沉降变形监测是一个受压构件的必要施工控制手段），桥梁控制网应每年复测一次，以确保施工安全和质量。

2. **答案：**√

解析：旱桥施工中只允许砍伐墩、台永久施工部分的植被，桥跨范围的植被不得砍伐、清除，尽可能保留桥跨部分的原生植被，减少桥梁墩、台施工对地表原生植被的破坏。

3. **答案：** ×

解析： 粉状外加剂应防止受潮结块，如有结块，经性能检验合格后应粉碎至全部通过0.63mm筛后方可使用。液体外加剂应放置在阴凉干燥处，防止日晒、受冻、污染、进水或蒸发，如有沉淀等现象，经性能检验合格后方可使用。

4. **答案：** √

解析： 扩大基础是由基础底面地基反力承担全部上部荷载的桥梁基础形式。

5. **答案：** √

解析： 无论采用何种方法钻孔，钻孔的孔位必须正确，采用正、反循环钻孔（含潜水钻）均应减压钻进。

6. **答案：** ×

解析： 基坑施工不可延续时间过长，一般开挖至距基底0.15～0.20m处，经监理工程师检查合格后，在将要浇筑混凝土或砌石前人工突击挖至设计高程，并及时封闭基底。

7. **答案：** ×

解析： 根据《公路桥涵施工技术规范》（JTG/T F50—2011），对桩身的完整性进行检验时，检测的数量和方法应符合设计要求，宜选择有代表性的桩采用无破损法进行检测。

8. **答案：** ×

解析： 拱桥按桥面位置分为上承式、中承式、下承式拱桥；按截面形式分板拱桥、肋拱桥、曲拱桥、箱形拱桥；按有无水平推力分有水平推力拱桥、无水平推力拱桥。

9. **答案：** ×

解析： 为了确保连续梁分段悬拼施工的平衡和稳定，常与悬臂浇筑方法相同，将0号块临时固结，必要时在墩两侧加设临时支架以满足悬拼的施工需要。

10. **答案：** ×

解析： 平转法施工分为有平衡重转体施工和无平衡重转体施工两种方法，平转施工主要适用于刚构梁式桥、斜拉桥、钢筋混凝土拱桥及钢管拱桥。竖转施工主要适用于转体重量不大的拱桥或某些桥梁预制部件（塔、斜腿、劲性骨架）。

11. **答案：** √

解析： 大跨径拱桥的拱圈，为减小混凝土的收缩应力和避免因拱架变形而产生裂缝，应采取分段浇筑，分段长度一般为6.0～15.0m。划分拱段时，必须使拱顶两侧能保持均匀和对称。

12. **答案：** ×

解析： 除非项目部批准，拱架和支架不得支承于除基础以外的结构物的任何部分。

13. **答案：** √

解析： 连续梁合龙顺序按设计要求办理，设计无要求时，一般先边跨，后次中跨，再中跨。多跨一次合龙时，必须同时均衡对称地合龙。

14. **答案：** ×

解析： 压浆时，每一工作班应留取不少于 3 组的 70.7mm×70.7mm×70.7mm 立方体试件，标准养护 28d，检查其抗压强度，作为评定水泥质量的依据。

15. **答案：** ×

解析： 台背填土的顺序应符合设计要求。拱桥台背填土宜在主拱圈安装或砌筑以前完成，梁式桥的轻型桥台台背回填宜在梁体安装完成以后，在两侧平衡地进行，柱式桥台台背填土宜在柱侧对称、平衡地进行。

四、综合分析题

1. **答案：**

（1）导管可能出现的问题有：进水，塞管，埋管。

（2）灌注水下混凝土的技术要求：

①首批灌注混凝土的数量应能满足导管首次埋置深度（≥1.0m）和填充导管底部的需要。

②混凝土拌和物运至灌注地点时，应检查其均匀性和坍落度等，如不符合要求，应进行第二次拌和，二次拌和后仍不符合要求时，不得使用。

③首批混凝土拌和物下落后，混凝土应连续灌注。

④在灌注过程中，特别是潮汐地区和有承压力地下水地区，应注意保持孔内水头。

⑤在灌注过程中，导管的埋置深度宜控制在 2～6m。

⑥在灌注过程中，应经常测探井孔内混凝土面的位置，及时地调整导管埋深。

⑦为防止钢筋骨架上浮，当灌注的混凝土顶面距钢筋骨架底部 1m 左右时，应降低混凝土的灌注速度。

⑧灌注的桩顶高程应比设计高程高出一定高度，一般为 0.5～1.0m，以保证混凝土强度，多余部分接桩前必须凿除，残余桩头应无松散层。

⑨对变截面桩，应从最小截面的桩孔底部开始灌注，灌注至扩大截面处时，导管应提升至扩大截面下约 2m，应稍加大混凝土灌注速度和混凝土的坍落度；当混凝土面高于扩大截面处 3m 后，应将导管提升至扩大截面处上 1m，继续灌注至桩顶。

⑩使用全护筒灌注水下混凝土时，当混凝土面进入护筒后，护筒底部始终应在混凝土面以下，随导管的提升，逐步上拔护筒，以保证导管的埋置深度和护筒底面始终低于混凝土面。

⑪在灌注过程中，应将孔内溢出的水或泥浆引流至适当地点处理，不得随意排放，污染环境及河流。

2. **答案：**

（1）产生混凝土裂缝的原因有：

①支架地基没有处理。

②支架没有预压，导致混凝土变形过大。

③配合比不合理，水灰比大。

④养护不当，应在桥面上加铺麻袋等材料，再洒水养护。

（2）不完整。还应计算支架基底在荷载作用下的非弹性变形，因为本桥位处覆盖层厚，地基承载力低，仅对钢管支架处的表层地基处理是不够的。

（3）30m 后张预应力 T 形梁的预制工序：

①底模安装、校正、检查。

②主肋钢筋绑扎、检查。

③预应力波纹管就位、检查。

④侧模安装、检查。

⑤翼板钢筋绑扎、检查。

⑥端模安装。

⑦模板整体校对检查。

⑧混凝土浇筑。

⑨拆模并养生到规定时间。

⑩预应力筋穿束。

⑪张拉。

⑫压浆。

⑬锚头混凝土浇筑。

⑭达规定强度后移梁起吊。

3. **答案：**

（1）N1-1 束出现问题的原因：

①锚垫板硬度不足。

②锚后混凝土强度达不到设计要求。

③锚后加强钢筋不匹配。

④锚后混凝土振捣不密实等。

处理方法：将锚后开裂混凝土进行剔除，采用高强度等级混凝土进行补强，并更换硬度合格的锚垫板，待混凝土达到设计要求时重新张拉。

N1-2 束出现问题的原因：

①锚具、钢丝硬度不匹配。

②管道摩阻太大、盲目追求伸长量。

③操作不当等。

处理方法：换束，或通过相邻束张拉补救，启用备用束等。

（2）后张法预应力张拉施工过程中质量控制要点及注意事项：

①对预应力筋施加预应力前，预应力筋应在管道内自由滑动。

②张拉时，构件强度应满足设计要求，设计未规定时，不应低于设计强度等级值的 75%。

③预应力张拉宜从两端同时进行，当仅从一端张拉时，应精确量测另一端的内缩量，并

从伸长值中适当的扣除。

④张拉应力的控制应考虑锚具摩阻及千斤顶内摩阻损失。

⑤张拉步骤按规范进行。

⑥张拉过程中或张拉完毕后应密切注意如下事项：注意筋的内缩量与锚具的变形，若超过了容许值，则需重新张拉；注意预应力筋在张拉过程中与张拉后的滑丝与断丝情况，若超出规定应及时采取措施；实测预应力的伸长值与计算伸长值之差应控制在6%以内，否则应采取必要措施进行处理。

4. 答案：

（1）采取临时固结措施的目的是：使梁具有抗弯能力。

（2）这道关键工序是：对挂篮进行试压。这道工序的作用：验证挂篮的可靠性，消除其非弹性变形，测量挂篮在不同荷载下的实际变形量，以便在挠度控制中修正立模高程。实施这道工序的常用方法有：水箱加载法、千斤顶高强钢筋加力法。

（3）处理：接触面凿毛、清洗干净。对张拉设备的要求：进行标正。

（4）应选择在一天最低气温时，其理由是减少温度拉应力。

（5）悬臂浇筑梁施工过程中的检验内容有：箱梁的混凝土强度、轴线偏位、顶面高程、断面尺寸、合龙后同跨对称点高程差、横坡和平整度。

5. 答案：

（1）基坑检验的内容有：

①检查基底平面位置、尺寸大小和基底高程是否与设计资料相符。

②检查基底地质情况和承载力是否与设计资料相符。

③检查基底处理和排水情况是否符合规范要求。

④检查施工日志及有关试验资料等。

（2）桥涵及结构物的回填施工监理要点有：

①填料要采用透水性材料、轻质材料、无机结合料等。

②基坑回填必须在隐蔽工程验收合格后方可进行，回填要分层填筑、分层压实、层厚适当、达到要求的压实度。

③台背与路堤间的回填应符合下列规定：

a. 二级及二级以上公路应按设计做好过渡段，过渡段压实度应不小于96%，并应按设计做好纵向和横向防排水系统。

b. 二级以下公路路堤与回填的连接部，应按设计要求预留台阶。

c. 台背回填部分的路床宜与路堤路床同步填筑。

d. 桥台背与锥坡的回填施工宜同步进行，一次填足并保证压实整修后达到设计要求宽度。

④涵洞回填施工应符合以下要求：

a. 洞身两侧，应对称分层回填压实，填料粒径宜小于150mm。

b. 量测及顶部填土时，应采取措施防止压实过程对涵洞产生不利后果。

考点5　交通安全设施

一、单项选择题

1. **答案**：D

解析：指路标志是传递道路前进方向、地点、距离信息的标志。

2. **答案**：D

解析：目前广泛使用的线形诱导设施有轮廓标、突起路标、线形诱导标、分合流诱导标。指示标志是指示车辆、行人行进的标志，不具有诱导视线的作用。

3. **答案**：D

解析：依据《公路工程质量检验评定标准》（JTG F80/1—2004），标线长度的允许偏差为 ±50mm。

4. **答案**：C

解析：混凝土表面的蜂窝麻面面积不超过该面积的0.5%，深度不超过10mm。混凝土块件之间的错位不大于2mm，混凝土块件的损边、掉角长度每处不得超过2cm，一块混凝土损边、掉角数量不得超过5处。

5. **答案**：B

解析：镀锌层附着量测试可采用氯化锑法或镀锌层测厚仪法。镀锌层测厚仪法比较简便快捷，便于现场测试，如果测试结果有异议，以氯化锑法为仲裁试验方法。

二、多项选择题

1. **答案**：CD

解析：隔离栅有金属网型、刺铁丝和常青绿篱3大类。金属网隔离栅按网面材料不同分为电焊网、铁板网、编织网等形式。

2. **答案**：ABCD

解析：视线诱导设施按功能可分为轮廓标、突起路标、指示性和警告性线形诱导标、分合流诱导标4类。

3. **答案**：ABCD

解析：交通标志外观质量检测包括标志板平整度、标志面裂纹和气泡、划痕、损伤、颜色不均匀性和逆反射性能不均匀性。标志板板面不允许存在以下缺陷：①不平整；②裂纹和气泡；③明显的划痕、损伤和颜色不均匀；④逆反射性能不均匀。

4. **答案**：AE

解析：交工验收阶段波形梁护栏施工质量检测项目：波形梁板基底金属厚度、立柱厚度、镀（涂）层厚度、拼接螺栓抗拉强度、立柱埋入深度、立柱外缘距路肩边线距离、立柱中距、立柱竖直度、横梁中心高度、护栏顺直度。

5. **答案：**BC

解析：反光膜根据结构分为透镜埋入型、密封胶囊型两类。

三、判断题

1. **答案：**×

解析：波形梁护栏一般由波形梁板、立柱、防阻块、托架、端头、紧固件和基础等组成，必须含有立柱。

2. **答案：**×

解析：高速公路、一级公路路侧紧靠河流、水渠、池塘、湖泊等天然屏障，认为将来不用担心有人、畜进入或非法侵占公路用地的路段，可不设隔离栅。

3. **答案：**√

解析：隔离栅产品质量检测包括：外观、镀层、几何形状和尺寸、材料性能。

4. **答案：**×

解析：波形梁护栏板、立柱的镀锌层厚度一般要求不低于85μm。

5. **答案：**×

解析：防眩板单独埋设立柱时，只有在基础混凝土强度达到设计等级后，方可安装上部构件。

四、综合分析题

1. **答案：**

（1）沿道路方向，应注意前后一定路段是否有其他遮挡物。

（2）垂直道路方向，应注意基础放好样后，安装的标志侧向净空是否满足要求。

（3）边坡的坡度是否和设计的一致，基础浇筑完毕后，标志立柱的长度是否应发生变化。

考点6　工 程 材 料

一、单项选择题

1. **答案**：C

解析：蜡封法适用于测定吸水率大于2%的沥青混凝土或沥青碎石混合料试件的毛体积相对密度或毛体积密度。

2. **答案**：D

解析：热拌沥青混合料的配合比设计包括目标配合比设计阶段、生产配合比设计阶段及生产配合比验证阶段。

3. **答案**：B

解析：重型击实试验的目的是用标准的击实方法，测定土的密度与含水率的关系，从而确定土的最大干密度和最佳含水率。

4. **答案**：B

解析：为清楚显示小孔径筛孔的位置，在绘制级配曲线时横坐标采用对数坐标（而相应纵坐标上的通过量仍采用常坐标），以方便级配曲线图的绘制。

5. **答案**：B

解析：依据《公路路基施工技术规范》（JTG F10—2006）：隔离工程土工合成材料施工应符合以下规定：土工织物上填料为碎石、砂砾或矿渣时，其最大粒径宜小于26.5mm，通过19mm筛孔的材料不得大于10%，通过0.075mm筛孔的材料塑性指数不得大于6。

二、多项选择题

1. **答案**：ABCE

解析：混凝土立方体抗压标准强度（或称立方体抗压强度标准值）是指按标准方法制作和养护的边长为150mm的立方体试件，在28d龄期，用标准试验方法测得的抗压强度总体分布中具有不低于95%保证率的抗压强度值。

2. **答案**：BCD

解析：透层沥青宜采用慢裂的洒布型乳化沥青，也可采用中、慢凝液体石油沥青或煤沥青。

3. **答案**：ABCD

解析：在路堤填筑前，应对来源不同、性质不同的填方材料进行复查和取样试验。土的试验项目包括天然含水率、液限、塑限、承载比（CBR）试验和标准击实试验等，必要时应做颗粒分析、相对密度、有机质含量、冻胀和膨胀量等试验。

4. **答案：**ABCD

解析：土基干湿类型有干燥、中湿、潮湿和过湿。

5. **答案：**BC

解析：对砂子的细度模数计算式中，分子上减去 $5A_1$，解释完整的是大于 5mm 为粗集料，小于 5mm 筛孔有 5 级，A_1 被累计了 5 次。大于 5mm 为粗集料，A_1 被累计了 5 次，应扣除 A_1。

三、判断题

1. **答案：**×

解析：依据《公路工程沥青及沥青混合料试验规程》（JTG E20—2011）：石油沥青的标号是根据规定条件下的针入度来确定的。

2. **答案：**×

解析：依据《公路桥涵施工技术规范》（JTG/T F50—2011）：袋装水泥在运输和储存时应防止受潮，堆垛高度不宜超过 10 袋。不同强度等级、品种和出厂日期的水泥应分别堆放。

3. **答案：**√

解析：粗颗粒含量较多的土其密度越大，强度越高。

4. **答案：**×

解析：用做路面和桥面混凝土的粗集料不可以使用不分级的统料，应按最大公称粒径的不同采用 2 ~4 个粒级的集料进行掺配。

5. **答案：**√

解析：依据《公路土工合成材料应用技术规范》（JTG/T D32—2012），土工合成材料是指：以人工合成的聚合物制成的各种类型产品，是岩土工程中应用的各种合成材料的总称。它的作用是：将其置于岩土或其他工程结构内部、表面或各结构层之间，起到加强、保护岩土或其他结构的作用。

第三部分　模 拟 试 卷

模拟试卷一

一、单项选择题（下列各题中，只有一个备选项最符合题意，请将你认为最符合题意的一个备选项在答题卡相应的代号框格内涂黑，选错或不选不得分。每题1分，共20分。）

1. 填方路堤上层的压实度应比下层的压实度（　　）。

A. 大　　B. 小

C. 相等　　D. 可大可小

2. 通常情况下，不适宜采用顶推法施工的是（　　）。

A. 斜拉桥　　B. 连续梁桥

C. 混凝土拱桥　　D. 简支梁桥

3. 快速简易测定细粒土含水率的方法为（　　）。

A. 烘干法　　B. 酒精燃烧法

C. 比重瓶法　　D. 浮力法

4. 填石路堤施工中每一层压实度检测方法应采用（　　）。

A. 灌砂法　　B. 水袋法

C. 核子密度仪　　D. 试验路段确定的沉降差指标

5. 对于高速公路公称最大粒径等于或小于19mm的密级配沥青混合料，在配合比设计的基础上，必须在规定的试验条件下进行（　　）、浸水马歇尔试验和冻融劈裂试验。

A. 车辙试验　　B. 弯曲试验

C. 渗水试验　　D. 活性和膨胀性试验

6. 土质路堤施工时，每种填料的填筑层压实后的连续厚度不宜小于（　　）mm，填筑路床顶最后一层时，压实后的厚度不应小于（　　）mm。

A. 1 000，100　　B. 500，150

C. 500，100　　D. 1 000，150

7. 膨胀土地区高速公路路基施工时，以下错误的说法是（　　）。

A. 应避开雨季作业

B. 中等膨胀土经处理后可作为填料

C. 强膨胀土经过处理后可作为填料

D. 膨胀土路基填筑松铺厚度不得大于300mm

8. 水泥混凝土施工过程中，为防止混凝土离析其自由倾落高度不宜超过(　　)。

A. 1.0m　　B. 1.5m

C. 2.0m　　D. 2.5m

9. 水泥混凝土空心块护坡施工，下列做法中不符合规范规定的有（　　）。

A. 预制块铺置应与路堤同步施工

B. 预制块铺置前应将坡面整平

C. 预制块经验收合格后方可使用

D. 预制块应与坡面紧贴，不得有空隙，并与相邻坡面平顺

10. 沥青混合料储存时间最长的是（　　）。

A. 改性沥青混合料　　B. SMA 混合料

C. 普通沥青混合料　　D. OGFC 混合料

11. 沥青路面复压时相邻碾压带重叠宽度为（　　）。

A. 100 ~ 200mm　　B. 60 ~ 80mm

C. 100 ~ 150mm　　D. 50 ~ 80mm

12. 悬索桥主缆施工的主要工序包括：①主缆架设；②猫道架设；③索夹安装与吊索架设；④紧缆；⑤牵引系统施工。其正确的施工工序为（　　）。

A. ①→②→③→④→⑤　　B. ⑤→②→①→④→③

C. ②→⑤→④→①→③　　D. ⑤→③→①→④→②

13. 关于无机结合料基层施工注意事项，下列说法不正确的是（　　）。

A. 水泥稳定土基层水泥剂量不宜超过6%

B. 石灰稳定土基层分层施工时，下层碾压完成后，不能立即铺筑上一层，必须有7d 的养生期

C. 水泥稳定土基层施工时，第二层必须在第一层养生 7d 后方可铺筑

D. 无机结合料基层施工时，严禁用薄层贴补的方法找平

14. 护筒设置不正确的说法是（　　）。

A. 护筒宜采用钢板制作

B. 护筒埋设定位时，除设计另有规定外，护筒中心与桩中心的平面位置偏差应不大于 50mm

C. 护筒顶宜高出地面 0.5m

D. 埋设深度在旱地宜为 2 ~ 4m

15. 在支架上浇筑混凝土前，应对支架进行预压试验，以检查支架的（　　）并消除非弹性变形。

A. 强度和沉降　　B. 承载能力和稳定性

C. 稳定性和强度　　D. 承载能力和沉降

16. 不属于沥青路面细集料的是（　　）。

A. 天然砂　　B. 机制砂

C. 石屑　　D. 矿渣

17. 钢筋骨架的焊接拼装，下列说法不正确的是（　　）。

A. 放样时应考虑焊接变形的预留拱度

B. 钢筋拼装前，对有焊接接头的钢筋应检查每根接头是否符合焊接要求

C. 骨架焊接时，不同直径钢筋的中心线应不在同一平面上

D. 施焊顺序宜由中到边对称地向两端进行，相邻的焊缝不得顺方向一次焊成

18. 涵洞完成后，应在涵洞砌体砂浆或混凝土强度达到设计标准的（　　）时方可填土。

A. 60%　　B. 70%

C. 80%　　D. 90%

19. 下列关于桥涵台背填土施工，说法不正确的是（　　）。

A. 高速公路和一级公路的桥台、涵身背后填土压实度标准均为95%

B. 拱桥台背填土长度不应小于台高的3～4倍

C. 拱桥台背填土宜在主拱圈安装或砌筑以前完成

D. 梁式桥的轻型桥台台背填土，宜在梁体安装完成前完成

20. 不属于路面标线实测项目的是（　　）。

A. 标线线段长度　　B. 标线裂缝、起泡现象

C. 标线宽度　　D. 标线厚度

二、多项选择题（在下列各题中的备选答案中，有两个或两个以上的备选项符合题意，请将你认为符合题意的备选项在答题卡相应的代号框格内涂黑，若选项中有错误选项该题不得分，选项正确但不完全的每个选项给0.5分，完全正确的得满分。每题2分，共40分。）

1. 路基的设计高程（　　）。

A. 一般为路基中线处高程

B. 一般为路基边缘处高程

C. 设立中央分隔带时为中央分隔带边缘高程

D. 设立中央分隔带时为行车道中心处的高程

E. 在设置超高加宽路段，为设置超高加宽前的路基边缘高程

2. 高速公路和一级公路热拌沥青混合料的配合比设计主要步骤是（　　）。

A. 目标配合比设计阶段　　B. 目标配合比验证阶段

C. 生产配合比设计阶段　　D. 生产配合比验证阶段

E. 确定施工级配允许波动范围

3. 某高速公路正在进行水泥稳定碎石底基层施工，承包人的下列说法不符合《公路路面基层施工技术规范》（JTJ 034—2000）的有（　　）。

A. 混合料可以采用路拌法或厂拌法拌和

B. 拌和时混合料的含水率应高于最佳含水率0.5%～1.0%

C. 碾压时，直线段由两侧向中心碾压，超高段由内侧向外侧碾压

D. 从加水拌和到碾压终了的延迟时间不得超过水泥的终凝时间

E. 工地气温低于5℃时不应进行施工

4. 路堤施工中，错误的填筑方法有（　　）。

A. 路堤下层填强透水性土，上层填弱透水性土

B. 路堤两侧填强透水性土，中部填弱透水性土

C. 路堤两侧及顶部填弱透水性土，其他部分填强透水性土

D. 弱透水性土和强透水性土混合填筑

E. 路堤顶部及两侧上部填弱透水性土，其他部分填强透水性土

5. 采取技术措施处理后，可作为路基填料的是（　　）。

A. 腐殖质土　　B. 有机质土

C. 弱膨胀土　　D. 冻土

E. 生活垃圾

6. 路面施工过程应加强粗集料加工特性质量控制，粗集料加工特性包括（　　）。

A. 级配组成　　B. 针片状颗粒含量

C. 压碎值　　D. 软石含量

E. 表观相对密度

7. 施工准备阶段监理工作内容有（　　）。

A. 参加设计交底　　B. 审批分部分项施工组织设计

C. 编制监理工作报告　　D. 审查工地试验室

E. 召开第一次工地会议

8. 评价沥青路面抗滑性能的指标包括（　　）。

A. 横向摩擦力系数　　B. 构造深度

C. 压碎值　　D. 摆值

E. 破碎值

9. 沥青路面交工时应检查验收沥青面层的各项质量指标，包括（　　）。

A. 压实度　　B. 马歇尔稳定度

C. 渗水系数　　D. 构造深度

E. 路基宽度

10. 桩基础适用于（　　）的情况。

A. 载荷较大，地基持力层位置较深

B. 河道不稳定或冲刷深度不易计算正确

C. 深水、岩面不平、覆盖层很厚

D. 结构物对不均匀沉降敏感

E. 施工水位或地下水位较高

11. 关于桥头搭板，施工前说法正确的是（　　）。

A. 台后填土的填料没有特殊要求

B. 台后填土应分层填筑、压实

C. 台后填土宜以透水性材料为主

D. 台后为软土应进行预压

E. 台后填土预压应在搭板施工前完成

12. 关于沥青封层，下列说法正确的是（　　）。

A. 用于改善抗滑性能上封层可采用稀浆封层、微表处或改性沥青集料封层

B. 对高速公路、一级公路有轻微损坏的宜铺筑微表处

C. 高速公路、一级公路铺筑基层后不能及时铺筑沥青面层而需通行车辆时，宜在喷洒透层油后铺筑下封层

D. 稀浆封层可使用普通的摊铺机进行摊铺

E. 稀浆封层可采用普通乳化沥青

13. 石灰土在碾压或养护中易出现龟裂，有效的防治措施有（　　）。

A. 碾压时混合料的含水率应略大于最佳含水率

B. 碾压时混合料的含水率应略小于最佳含水率

C. 加强混合料的粉碎和拌和，必要时进行二次拌和

D. 保证下承层的充分压实，下承层松散或软弹需彻底处理

E. 养生期间严禁重型车辆通行

14. 钻孔灌注桩要进行的检测项目有（　　）。

A. 混凝土强度　　　　B. 泥浆相对密度

C. 护筒高度　　　　D. 孔径

E. 沉淀厚度

15. 石方爆破时，符合爆破规定的做法有（　　）。

A. 爆破后，清理石方人员可直接进入现场清理

B. 爆破相关手续齐全

C. 按国家现行的《爆破安全规程》（GB 6722—2003）执行

D. 爆破工作必须有专人指挥

E. 爆破作业人员必须持证上岗

16. 膨胀土地区路基施工应注意的事项有（　　）。

A. 应避开雨季施工，加强现场排水

B. 应分段施工，各道工序应紧密衔接，连续完成

C. 未经处理的膨胀土不得作为路基填料

D. 胀缩总率不超过0.7%的弱膨胀土不可作为路基填料

E. 膨胀土路基填筑松铺厚度不得大于100mm

17. 混凝土浇筑说法正确的是（　　）。

A. 应制订合理的浇筑工艺方案

B. 直接倾卸时，其自由倾落高度不宜超过2.0m

C. 应从低处开始逐层扩展升高，并保持斜向分层

D. 应对坍落度等性能进行检测

E. 应对支架、模板、预埋件等进行检查

18. 斜拉桥施工监控测试的主要内容有（　　）。

A. 变形：主梁线形、高程、轴线偏差、索塔的水平位移

B. 应力：拉索索力、支座力以及梁塔应力在施工过程中的变化

C. 温度：温度场及指定测量时间塔、梁、索的变化

D. 强度：基础、混凝土、钢筋、预应力筋及钢结构的质量

E. 长度：拉索长度、拉索伸长量

19. 适用于钢筋混凝土拱桥施工的方法包括（　　）。

A. 支架施工　　B. 顶推施工

C. 转体施工　　D. 劲性骨架施工

E. 预制吊装

20. 梁板预制实测项目包括（　　）。

A. 混凝土强度　　B. 梁板长度

C. 宽度　　D. 高度

E. 轴线偏位

三、判断题（认为题述观点正确的请在答题卡上将该题的［√］框格涂黑，错误的将该题的［×］框格涂黑，判断准确得分，否则不得分。每题1分，共10分。）

1. 路基临界高度是指在不利季节路基分别处于干燥、中湿、潮湿、过湿状态时所对应的路槽底距地下水位或地表长期积水位的最小高度。（　　）

2. 土的分类是以土的颗粒组成特征、土的塑性指标、土中有机质存在的情况作为依据。（　　）

3. 沥青混凝土粉胶比越大，抗车辙能力越差。（　　）

4. 对水泥稳定类基层或底基层材料，强度越高越好。（　　）

5. 台背回填部分的路床宜与路堤路床同步填筑。（　　）

6. 沥青混合料的级配，在交通量大、轴载重的公路，宜偏向级配范围的下限。（　　）

7. 抛石挤淤应选用不易风化的片石，片石厚度或直径不宜小于500mm。（　　）

8. 挖孔桩挖孔时，如孔内二氧化碳含量超过0.3%或孔深超过8.0m时，应采用机械通风。（　　）

9. 在拱涵施工中，拱圈砌筑砂浆混凝土强度达到设计强度的75%时，可拆除拱架和拱顶填土。（　　）

10. 标线涂料表面不应出现网状裂缝、断裂裂缝、起泡、变色、剥落、纵向有长的起筋或拉槽等现象。(　　)

四、综合分析题（按所给问题的背景资料，正确分析并回答问题，请将答案写在答题纸指定位置，每题15分，共30分。）

1. 某新建一级公路土方路基工程施工，该工程取土困难。K10 + 000 ~ K12 + 000 段路堤位于横坡陡于1：5的地面，施工方进行了挖台阶等地基处理，然后采用几种不同土体填料分层填筑路基，填筑至0 ~ 80cm 时，施工方选择细粒土，采用18t 光轮压路机，分两层碾压。两层碾压完成后，检测了中线偏位（合格率90%）、纵断高程（合格率85%）、平整度（合格率85%）、宽度（合格率88%）、横坡（合格率92%）和边坡坡度（合格率90%），认定土方路基施工质量合格，提请下一道工序开工。

问题：

（1）对于挖台阶处的填筑具体应如何实施？在公路工程中有哪些情况需要进行挖台阶处理？

（2）请从强度、水稳定性、透水性三个方面对不同土体填筑路堤的施工过程提出要求。

（3）影响土方路基质量最关键的因素是填料质量和压实度，该工程的施工方法对此是否有效控制？为什么？

（4）你认为该工程进行现场质量控制的检测是否符合工序检查要求？依据上述检测内容能否认定质量合格？请简述原因。

2. 某高等级公路大桥，桥面铺装为在钢筋混凝土桥面上铺装沥青混凝土。施工人员在混凝土桥面铺装施工时，对混凝土表面进行了镘平修整工作，由于镘平后铺装表面自由水较多，施工人员在表面洒布干水泥粉用以吸干表面水分，之后进行了收浆并覆盖养生。混凝土强度达到设计强度的70%以上后，施工人员用清水将混凝土表面清洗干净，干燥后，随即铺设了防水黏结层并进行了沥青混凝土桥面铺装。

问题：

（1）指出以上施工过程中存在哪些问题？

（2）结合以上背景材料，简述该桥面铺装施工质量控制要点。

模拟试卷二

一、单项选择题（下列各题中，只有一个备选项最符合题意，请将你认为最符合题意的一个备选项在答题卡相应的代号框格内涂黑，选错或不选不得分。每题1分，共20分。）

1. 当土的含水率超过最佳含水率时，密实度（　　）。

A. 随含水率增加而增大　　B. 与含水率变化无关

C. 随含水率增加而减小　　D. 不随含水率而变化

2. 下列情况应洒布黏层沥青的是（　　）。

A. 沥青混凝土面层的下面层和二灰稳定碎石基层之间

B. 沥青混凝土面层与检查井侧面之间

C. 半刚性基层上铺筑沥青层

D. 多雨地区空隙较大的沥青面层下部

3. 关于级配碎石基层施工的说法，正确的是（　　）。

A. 碎石颗粒组成的级配曲线应为直线

B. 级配碎石应在最佳含水率时进行碾压

C. 应使用12t以上三轮压路机碾压，不得采用振动压路机碾压

D. 级配碎石基层碾压完成后即可开放交通

4. 圬工防护工程砂浆初凝后，应立即开始养生，养护期一般为（　　）。

A. 3～5d　　B. 4～6d

C. 5～7d　　D. 6～8d

5. 下列不正确的支架拆除顺序为（　　）。

A. 先支后拆　　B. 后支先拆

C. 按设计要求拆　　D. 先支先拆

6. 关于钢筋混凝结构构造裂缝防治措施的说法，错误的是（　　）。

A. 应适当降低混凝土水灰比和坍落度

B. 应选用早强水泥，避免使用缓凝剂

C. 应降低混凝土水化热、推迟水化热峰值出现时间

D. 对支架应采用预压措施

7. 下列哪些材料不适合用于垫层（　　）。

A. 粗砂　　B. 黏土

C. 砂砾　　D. 炉渣

8. 改性沥青宜在固定工厂或现场设厂集中制作，也可在拌和场边制造边使用，改性沥青的加工温度不宜超过（　　）。

A. 175℃　　B. 180℃

C. 185℃　　D. 190℃

9. 高速公路沥青面层不宜采用的填料是（　　）。

A. 石灰岩矿粉　　B. 水泥

C. 粉煤灰　　D. 岩浆岩矿粉

10. 沥青混合料配合比设计时进行车辙试验，以检验沥青混合料的（　　）。

A. 低温抗裂性　　B. 高温稳定性

C. 水稳性　　D. 渗水性

11. 填石路堤压实机械宜选用自重不小于（　　）。

A. 12t 振动压路机　　B. 12t 非振动压路机

C. 18t 振动压路机　　D. 18t 非振动压路机

12. 填方路基中路床顶面以下 1.0m 处属于（　　）。

A. 上路床　　B. 下路床

C. 上路堤　　D. 下路堤

13. 后张法施加预应力时，若设计未作规定，混凝土强度不应低于设计强度的（　　）。

A. 60%　　B. 75%

C. 80%　　D. 100%

14. 模板设计时通常需要同时考虑施工过程中模板需承受的设计荷载以及（　　）

A. 刚度　　B. 预拱度

C. 沉落量　　D. 温度

15. 拱圈的施工必须在（　　）进行，避免因桥台水平位移而引起拱圈开裂。

A. 拱圈支架搭设完成后

B. 桥台填土达 2/3 高度后

C. 桥台填土完成后

D. 桥台圬工或混凝土强度达到设计强度要求后

16. 路基填筑要分层进行，每一层压实度检验频率为每 1 000m^2 至少检验（　　）。

A. 2 点　　B. 4 点

C. 6 点　　D. 8 点

17. 高速公路上路床某层的压实度检测数据如下：96.0%、97.0%、98.2%、97.2%、98.3%、95.9%、96.0%、88.9%，评定本段路基压实度为（　　）。

A. 合格　　B. 不合格

C. 优良　　D. 无法评定

18. 桥梁工程施工拆除滑模设备时，拆除现场应划定警戒区，警戒线到建筑物边缘的安全距离不得小于（　　）。

A. 3.0m　　B. 5.0m

C. 10.0m　　D. 20.0m

19. 视线诱导设施产品的质量检测项目不包括（　　）。

A. 外观质量　　B. 几何尺寸

C. 材料性能　　D. 镀层质量

20. 适合作高速公路基层的是（　　）。

A. 水泥碎石　　B. 水泥土

C. 填隙碎石　　D. 二灰土

二、多项选择题（在下列各题中的备选答案中，有两个或两个以上的备选项符合题意，请将你认为符合题意的备选项在答题卡相应的代号框格内涂黑，若选项中有错误选项该题不得分，选项正确但不完全的每个选项给 0.5 分，完全正确的得满分。每题 2 分，共 40 分。）

1. 交工验收时建设项目质量评定等级分为（　　）。

A. 不合格　　B. 合格

C. 优良　　D. 中等

E. 良好

2. 公路工程路基施工时应对（　　）等进行保护。

A. 生态环境　　B. 声环境及振动环境

C. 水环境　　D. 大气环境

E. 治安环境

3. 对高速公路沥青混合料摊铺的表述正确的有（　　）

A. 一台摊铺机的宽度不宜超过 9m

B. 摊铺前应预热熨平板，并不得低于 60℃

C. 摊铺采用自动找平方式，下面层宜采用钢丝绳高程控制方式，上面层宜采用平衡梁或雪橇式摊铺厚度控制方式

D. 铺筑改性沥青或 SMA 路面时宜采用非接触式平衡梁

E. 采用两台或多台的摊铺机前后错开 10～20m，呈梯队方式同步摊铺

4. 水泥稳定土结构层施工时应注意的规定有（　　）。

A. 宜在春末或气温较高的季节组织施工

B. 配料要准确，洒水拌和要均匀

C. 应在混合料处于或略小于最佳含水率时进行碾压

D. 应在混合料处于或略大于最佳含水率时进行碾压

E. 水泥稳定土结构层施工完成后可以立即组织面层施工

5. 采用纵挖法施工的路堑，可以根据路堑的长度和深度大小选择（　　）。

A. 分层纵挖法
B. 分段纵挖法
C. 分条纵挖法
D. 通道纵挖法
E. 全宽纵挖法

6. 对（　　）公路的沥青路面宜选用稠度小、低温延度大的沥青。

A. 高速、一级
B. 冬季寒冷地区
C. 交通量小
D. 旅游
E. 服务区

7. 确定路基高度应考虑的因素是（　　）。

A. 公路的设计洪水位
B. 填筑路基的材料性质
C. 路基土的最小填土高度
D. 与公路纵断面的线形协调性
E. 有利于路基土石方施工作业

8. 膨胀土作为填料时应符合以下规定（　　）。

A. 强膨胀土不得作为路堤填料
B. 中等膨胀土经处理后可作为填料，用于二级及二级以上公路路堤填料时，改性处理后胀缩总率应不大于 0.7%
C. 中等膨胀土经处理后可作为填料，用于二级及二级以上公路路堤填料时，改性处理后胀缩总率应不小于 0.7%
D. 胀缩总率不超过 0.7% 的弱膨胀土可作为填料
E. 胀缩总率超过 0.7% 的弱膨胀土可作为填料

9. 下列（　　）属于密级配沥青混合料。

A. AC-5
B. AM-16
C. SMA-16
D. AC-25
E. ATB-25

10. 水泥混凝土路面宜采用（　　）。

A. 硅酸盐水泥
B. 普通硅酸盐水泥
C. 高铁水泥
D. 高镁水泥
E. 高铝水泥

11. 在钻孔灌注桩中，对水下混凝土要求正确的是（　　）。

A. 水泥的强度等级应不低于 42.5，其初凝时间不早于 2.5h
B. 混凝土的含砂率宜为 40% ~50%
C. 除监理工程师另有许可，水泥用量应不少于 $350kg/m^3$
D. 水灰比宜为 0.5 ~0.6
E. 灌注时应保持足够的流动性，其坍落度宜为 120 ~160mm。

12. 装配式拱桥施工过程中，应配合施工进度对拱肋、拱圈的（　　）等项目进行观测。

A. 挠度和横向位移
B. 混凝土强度

C. 混凝土裂缝　　D. 墩台变位

E. 安装设施的变形和变位

13. 路面封层的作用有（　　）。

A. 封闭某一层起着保水防水作用

B. 基层与沥青表面层之间的过渡和有效联结作用

C. 基层在沥青面层铺筑前，要临时开放交通，防止基层因天气或车辆作用出现水毁

D. 切断毛细水上升

E. 隔热保温

14. 对混凝土的强度，应制取试件检验其在标准养护条件下 28d 龄期的抗压极限强度。试件制取组数应符合下列规定（　　）。

A. 浇筑一般体积的结构物（如基础等）时，每一单元结构物应制取 1 组

B. 连续浇筑大体积结构物混凝土时，每一工作班应制取 1 组

C. 每片梁长 16m 以下应制取 1 组，16 ~ 30m 制取 2 组，31 ~ 50m 制取 3 组，50m 以上者不少于 5 组

D. 就地浇筑混凝土小桥涵，每一座或每一工作班制取不少于 2 组

E. 当原材料和配合比相同，并由同一拌和站拌制时，可几座或几处合并制取 2 组

15. 梁板预制实测项目包括（　　）。

A. 混凝土强度　　B. 梁板长度

C. 宽度　　D. 高度

E. 轴线偏位

16. 用重型击实法求得的路基填料最大干密度为 2.20g/cm^3，规范要求压实度为 96%，下面为各测点的工地干密度，压实合格的测点有（　　）。

A. 2.09g/cm^3　　B. 2.01g/cm^3

C. 2.29g/cm^3　　D. 2.12g/cm^3

E. 1.98g/cm^3

17. 关于路基冬季施工，下列说法正确的有（　　）。

A. 昼夜平均温度在 -3℃以上，但冻土没有完全融化时，应按冬季施工办理

B. 路床以下 1.0m 范围以内不得进行冬季施工

C. 半填半挖地段、挖填方交界处不得在冬季施工

D. 路堤填料不得选用含水率大的黏性土

E. 填筑路堤，应按照横断面全宽平填，每层松铺厚度比正常施工减少 20% ~30% 且不超过 300mm

18. 关于模板和支架，下列说法正确的有（　　）。

A. 模板和支架的强度、刚度、稳定性应符合要求

B. 公路桥涵宜优先使用钢模板和木模板

C. 钢筋混凝土梁、板的底模板，当结构自重和汽车荷载（不计冲击力）产生的向下挠度超过跨径的1/600时，应设预拱度

D. 结构表面外露的模板，其挠度不应超过构件跨度的1/400

E. 承重模板和支架，应在混凝土能够承受自重时才能拆卸

19. 桥梁竣工后应进行竣工测量，测量项目包括（　　）。

A. 测定桥梁边线　　B. 丈量跨径

C. 丈量墩、台（或塔、锚）各部尺寸　　D. 测定墩、台（或塔、锚）顶面高程

E. 检查桥面高程

20. 斜拉桥索塔、斜拉索和主梁三者之间按不同的结合方法，可以划分为（　　）体系。

A. 塔、墩、梁固结　　B. 悬浮

C. 塔、梁固结　　D. 支承

E. 连续

三、判断题（认为题述观点正确的请在答题卡上将该题的［√］框格涂黑，错误的将该题的［×］框格涂黑，判断准确得分，否则不得分。每题1分，共10分。）

1. 评定为不合格的分项工程，经加固、补强或返工、调测，满足设计要求后，可以重新评定其质量等级，但计算分部工程评分值时按其复评分值的90%计算。（　　）

2. 试验路段应选择在地质条件、断面形式等工程特点具有代表性的地段，路段长度不宜小于50m。（　　）

3. 路基压实度在用灌砂法检测时，取样的底面位置应为每一压实层的底部，用环刀法检测时，环刀中部应处于压实层的1/2深度处。（　　）

4. 对于填石路基，石料的最大粒径不得超过填筑厚度的2/3。（　　）

5. 水泥稳定碎石一般不用作高等级沥青路面的基层。（　　）

6. 二级及二级以上的公路路堤基底的压实度应不小于93%。（　　）

7. 连续梁合龙顺序：按设计要求办理，设计无要求时，一般先边跨，后次中跨，再中跨。（　　）

8. 沥青贯入层作为联结层使用时可不撒表面封层料。（　　）

9. 混凝土搅拌车应定点清洗，设置临时沉淀池，清洗水经沉淀处理后方能外排。（　　）

10. 交通安全设施产品只需经工地检验确认满足设计要求后方可使用。（　　）

四、综合分析题（按所给问题的背景资料，正确分析并回答问题，请将答案写在答题纸指定位置，每题15分，共30分。）

1. 某高等级公路第四合同段，按高速公路标准设计，设计车速120km/h，路基宽度

26m，路面为双向四车道沥青混凝土路面。路线通过地段为一古河道，地表为砾石类土壤，部分路段为采砂场废料堆。砾石层覆盖厚度一般在 1 ~ 5m 不等，砾石层下为粉质低液限黏土，地下水位在埋深 2m 以下，路线两侧为农业区。K20 + 450 ~ K20 + 950 路堤填筑高度 22m，为防治高填方路堤沉降，在采取相应的设计处理措施基础上，设计方对施工提出以下要求：

（1）加强对地基的压实。

（2）严格分层填筑并充分压实。

（3）填挖交界处挖台阶。

施工方严格按照设计要求进行施工，在施工过程中遇到一处软基，在对软基处理之后，以硬质石料填筑地面上 2. 0m 高度范围并分层压实。由于填筑过程中突遇大雨停工数天，天晴后排除积水继续施工，为赶工期，工班长提出加班加点填筑，提前完成后可立即进入下一道路面基层施工工序。

问题：

（1）施工方对软基处理后填筑路堤的方式是否合理？如果不合理请提出合理措施。

（2）因大雨误工后工班长提出的建议可否采纳？为什么？

（3）软土地基有哪些处治方法？

2. 某施工单位承接了一座 7 × 30m 预应力混凝土 T 形梁桥工程，下部为桩柱式结构，人工挖孔灌注桩。30mT 形梁在场地附近的平坦地预制，预制场地进行了处理，保证 T 形梁的预制质量。施工单位严格按照设计文件和相关施工技术规范的要求进行施工，对每片 T 形梁均按照《公路工程质量检验评定标准》（JTG F80/1—2004）规定的实测项目进行了检测，主要有：混凝土强度、T 形梁的各种宽度和高度、梁长。在质量控制方面，开展了主梁预制和现浇带混凝土强度、支座预埋件位置、主梁高差、支座安装型号与方向等的控制。

问题：

（1）施工单位对预制 T 形梁的实测项目是否完备？如不完备，还应检测哪些内容？

（2）在质量控制方面，还应开展哪些控制内容？

（3）简述后张法预应力筋的加工和张拉的主要检验内容。

模拟试卷三

一、单项选择题（下列各题中，只有一个备选项最符合题意，请将你认为最符合题意的一个备选项在答题卡相应的代号框格内涂黑，选错或不选不得分。每题1分，共20分。）

1. 路桥衔接部施工时，路基与锥坡填土应同步填筑，分层碾压厚度控制为（ ）。

A. 10cm　　B. 15cm

C. 20cm　　D. 25cm

2. 道路用（ ）严禁用于热拌热铺的沥青混合料。

A. 石油沥青　　B. 橡胶沥青

C. 改性沥青　　D. 煤沥青

3. 边坡码砌不符合质量标准的是（ ）。

A. 边坡码砌紧贴、密实　　B. 砌块间承接面向外倾斜

C. 无明显孔洞、松动　　D. 坡面平顺

4. 水泥路面抗滑构造深度采用（ ）方法检验。

A. 铺砂法　　B. 尺测

C. 水准仪　　D. 经纬仪

5. 水泥混凝土路面每天摊铺结束或者摊铺中断时间超过30min时，应设置（ ）。

A. 纵向施工缝　　B. 横向施工缝

C. 横向缩缝　　D. 胀缝

6. 填石路段划分为平整、碾压、填石和检测四个作业区段，四个作业区段正确的施工工艺顺序是（ ）。

A. 推铺平整→振动碾压→分层填筑→检测签认

B. 推铺平整→检测签认→分层填筑→振动碾压

C. 分层填筑→推铺平整→振动碾压→检测签认

D. 检测签认→分层填筑→推铺平整→振动碾压

7. 路堑开挖前，环保监理应重点检查的是（ ）。

A. 施工便道设置情况

B. 开挖上方截水沟和下方挡墙情况

C. 地表清理

D. 植被保护

8. 不可用于稳定土的水泥是（ ）。

A. 普通硅酸盐水泥　　B. 矿渣硅酸盐水泥

C. 早强水泥　　D. 火山灰质硅酸盐水泥

9. 基础、墩台等厚大体积混凝土侧模板计算强度用荷载组合为（　　）。

A. 新浇混凝土对侧面模板的压力 + 倾倒混凝土时产生的水平荷载

B. 振倒混凝土时产生的荷载 + 倾倒混凝土时产生的水平荷载

C. 模板自重 + 振倒混凝土时产生的荷载

D. 新浇混凝土对侧面模板的压力 + 倾倒混凝土时产生的水平荷载

10. 预应力混凝土连续梁中跨合龙应该在（　　）。

A. 一天中最高温度时　　B. 一天中最低温度时

C. 温度变化不大时　　D. 温度变化均匀时

11. 70 号沥青混合料温度高于（　　）时应作废弃处理。

A. 185℃　　B. 190℃

C. 195℃　　D. 200℃

12. 试验段的长度应根据试验目的确定，通常宜为（　　），且宜选在正线上铺筑。

A. 50～100m　　B. 100～200m

C. 50～200m　　D. 100～300m

13. 预应力筋下料长度计算时应不考虑（　　）。

A. 结构孔道长度　　B. 锚夹具厚度

C. 千斤顶长度　　D. 伸长长度

14. 关于钻孔桩施工，下列说法正确的是（　　）。

A. 孔底高程小于设计高程时，可不清孔

B. 灌注首批混凝土时，导管下口至孔底的距离一般定为 25～40cm，导管埋入混凝土中的深度不小于 1.0m

C. 灌注混凝土过程中如出现导管进水，应停止灌注、待已浇混凝土强度达到一定后，再进行清孔和继续灌注

D. 导管埋深宜控制在 2～8m

15. 预制构件存放时，下列说法错误的是（　　）。

A. 存放台座应坚固稳定且高出地面 200mm

B. 预应力混凝土梁、板存放时间不超过 6 个月

C. 梁、板构件存放时，其支点应符合设计规定的位置

D. 大型构件叠放时宜为 2 层，不应超过 3 层

16. 拱桥转体施工时，竖转施工主要适用于（　　）。

A. 转体体积大的拱桥　　B. 转体重量不大的拱桥

C. 钢筋混凝土拱桥　　D. 钢管拱桥

17. 关于质量检验评定标准中，下列说法正确的是（　　）。

A. 工程质量等级应按分部、单位、合同段、建设项目逐级进行评定，其质量等级

分为优良、合格、不合格三个等级

B. 分项工程中涉及结构安全和使用功能的重要实测项目为关键项目，其合格率不得低于95%

C. 不合格分部工程经整修、加固、补强或返工后可重新进行评定

D. 合同段工程质量鉴定得分 = 合同段工程质量得分 - 外观缺陷减分

18. 为了确定路基填土的最大干密度和最佳含水率，应做的试验是（　　）。

A. 液、塑限　　B. 重型击实

C. 回弹模量　　D. 颗粒分析

19. 水中的筑岛在工程施工完成后，应（　　）。

A. 及时将填筑土挖掘清除，并应运至指定地点堆放

B. 将填筑土遗留在河中

C. 将填土用于建设

D. 将填土运回陆地

20. 为发挥板上长圆孔的调节作用，波形梁的连接螺栓和拼接螺栓应（　　）。

A. 分批进行拧紧　　B. 尽量快速拧紧

C. 不宜过早拧紧　　D. 分片进行拧紧

二、多项选择题（在下列各题中的备选答案中，有两个或两个以上的备选项符合题意，请将你认为符合题意的备选项在答题卡相应的代号框格内涂黑，若选项中有错误选项该题不得分，选项正确但不完全的每个选项给0.5分，完全正确的得满分。每题2分，共40分。）

1. 关于桥涵分类的叙述，下列说法正确的有（　　）。

A. 单孔跨径大于等于5m，小于20m的为小桥

B. 单孔跨径大于30m，小于100m的为中桥

C. 单孔跨径大于等于20m，小于40m的为中桥

D. 单孔跨径大于100m的为特大桥

E. 单孔跨径大于500m的为特大桥

2. 石方路基实测项目包括（　　）。

A. 压实度　　B. 纵断高程

C. 弯沉　　D. 中线偏位

E. 宽度

3. 路基工作区在公路设计和施工中的主要作用是（　　）。

A. 确定路基临界高度的依据

B. 路面结构设计设置垫层的依据

C. 判定路基干湿类型时测试路基含水率的范围

D. 计算路面厚度时确定路面材料参数的依据

E. 保证路基水稳定性和抗冻性的设计范围

4. 下列做法符合抗滑桩施工规范规定的有（　　）。

A. 雨季施工时，孔口应搭设雨棚

B. 应对滑坡变形、移动进行监测

C. 应整平孔口地面，设置地表截、排水及防渗设施

D. 宜在旱季施工

E. 开挖弃渣可堆放在滑坡体前缘，以阻止滑坡体滑动

5. 下列路段中，不宜在雨期进行路基施工的有（　　）。

A. 碎砾石路段　　B. 路堑弃方路段

C. 膨胀土路段　　D. 盐渍土路段

E. 重黏土路段

6. 底基层摊铺前的准备工作包括（　　）。

A. 确认路基是否已检查验收

B. 清扫路床，并检查路床是否有“软簧”存在。如有“软簧”，则必须作相应处理

C. 施工放样，安装高程基准钢丝

D. 在路床表面洒水，使路基表面至少浸湿 10cm 以上

E. 拌和、运输、摊铺、碾压等机械设备数量是否相匹配，运转是否正常

7. 沥青混合料按材料组成及结构分为（　　）混合料。

A. 密级配　　B. 连续级配

C. 间断级配　　D. 半开级配

E. 开级配

8. 通过热拌热铺沥青混合料路面试验段，我们可以获得（　　）等，用于指导工程施工。

A. 合理的机械组合方式　　B. 松铺系数

C. 最佳的压实遍数　　D. 压实度检测频率

E. 钻芯位置

9. 下列对于石灰稳定土混合料组成设计过程，描述正确的有（　　）。

A. 测定土的最佳含水率、颗粒分析、液限、塑限、有机质和硫酸盐含量（有怀疑时）

B. 做最大和最小两个石灰剂量混合料的重型击实试验，确定混合料的最佳含水率和最大干密度（其他剂量内插法确定）

C. 试件在规定温度下浸水 7d，进行无侧限抗压强度试验

D. 计算无侧限抗压强度试验结果的平均值和偏差系数

E. 选定合适的石灰剂量，工地实际采用的石灰剂量应比其多 0.5% ~1.0%

10. 验算模板、支架的刚度时，其最大变形值不得超过下列数值（　　）。

A. 结构表面外露的模板，挠度为模板构件跨度的 1/400

B. 结构表面隐蔽的模板，挠度为模板构件跨度的 1/250

C. 支架受载后挠曲的杆件（横梁、纵梁），其弹性挠度为相应结构计算跨度的1/400

D. 钢模板的面板变形为0.5mm

E. 钢模板的钢棱和柱箍变形为 $L/500$ 和 $B/500$（其中 L 为计算跨径，B 为柱宽）

11. 扩大基础在埋置深度和构造尺寸确定以后，需验算的内容包括（　　）。

A. 合力偏心距　　B. 稳定性

C. 强度　　D. 变形

E. 荷载

12. 对于改性沥青路面施工质量控制，下列说法正确的是（　　）。

A. 气温8℃时，可进行改性沥青混合料路面施工

B. 改性沥青混合料碾压时严格控制碾压遍数，不得过度碾压

C. 改性沥青混合料采用轮胎压路机碾压时速度宜缓慢

D. 改性沥青混合料须在高温情况下进行碾压，坚持紧跟、慢压、高频、低幅的方针

E. 初压开始温度不低于150℃，碾压终了的表面温度应不低于90℃。

13. 下列属于预应力钢丝、钢绞线先张法质量评定实测项目的是（　　）。

A. 镦头钢丝同束长度相对差

B. 中线偏位

C. 张拉应力值

D. 张拉伸长率

E. 同一构件内断丝根数不超过钢丝总数的百分比

14. 下列属于膨胀土性质的是（　　）。

A. 压缩性较高　　B. 吸水膨胀、失水收缩

C. 强度较低　　D. 黏性含量很高

E. 黏性成分主要有水矿物组成

15. （　　）不得在冬季施工。

A. 土质路堤路床以下1.0m内　　B. 石方路堤

C. 半填半挖地段　　D. 挖填方交界处

E. 高速公路砂砾路堤

16. 预应力筋锚具，夹具和连接器进场主要验收项目有（　　）。

A. 外观　　B. 硬度

C. 静载锚固性能试验　　D. 材质化学成分抽检

E. 探伤抽检

17. 关于浆砌石块墩台的施工，下列说法正确的有（　　）。

A. 砌筑基础的第一层砌块时，如基底为岩层或混凝土基础，可直接坐浆砌筑

B. 砌体应分层砌筑

C. 各砌层应先砌外圈定位行列，然后砌筑里层，外圈砌块应与里层砌块交错连成一体

D. 砌体外露面应进行勾缝，并应在砌体靠外露面预留深 2.0cm 的空缝备作勾缝之用

E. 砌筑上层砌块时，应避免振动下层砌块

18. 挖孔桩实测项目包括（　　）。

A. 桩位　　B. 混凝土强度

C. 孔深　　D. 沉渣厚度

E. 孔径

19. 与沥青混凝土路面相比，水泥混凝土路面的优点有（　　）。

A. 使用年限长　　B. 行车噪声少

C. 维修方便　　D. 夜晚行车可视性好

E. 耐久性好

20. 路面工程中，符合下列情况之一时，必须喷洒黏层油的有（　　）。

A. 双层式或三层式热拌热铺沥青混合料路面的沥青层之间

B. 水泥混凝土路面、沥青稳定碎石基层或旧沥青路面层上加铺沥青层

C. 沥青路面各类基层都必须喷洒黏层

D. 路缘石、雨水口、检查井等构造物与新铺沥青混合料接触的侧面

E. 粒料的半刚性基层上

三、判断题（认为题述观点正确的请在答题卡上将该题的［√］框格涂黑，错误的将该题的［×］框格涂黑，判断准确得分，否则不得分。每题 1 分，共 10 分。）

1. 公路路堤填筑前，须将路基基底范围内的树根全部挖除并将坑穴填平夯实。（　　）

2. 滑坡体未处理之前，严禁在滑坡体上增加荷载。（　　）

3. 刚架桥的主要承重结构是梁或板和立柱或竖墙整体结合在一起的刚架结构。（　　）

4. 热拌沥青混合料路面应待摊铺层完全自然冷却，混合料表面温度低于 50℃后方可开放交通，不可洒水冷却。（　　）

5. 抛石挤淤施工应选用不易风化的片石，片石厚度或直径不宜大于 300mm。（　　）

6. 钢筋宜堆置在仓库（棚）内，露天堆置时，应垫高并加遮盖。（　　）

7. 桥轴线超过 1 000m 的特大桥梁和结构复杂的桥梁施工过程应进行主要墩台的沉降变形监测，桥梁控制网应每年复测两次，以确保施工安全和质量。（　　）

8. 悬臂拼装法和悬臂浇筑不同，不需要对 0 号块进行临时固结。（　　）

9. 路面标线应满足耐久性、柔韧性、施工性的要求，对施工人员无毒性，对环境无污染。（　　）

10. 隔离栅的产品质量检测包括外观质量、几何形状和尺寸两个方面。(　　)

四、综合分析题（按所给问题的背景资料，正确分析并回答问题，请将答案写在答题纸指定位置，每题15分，共30分。）

1. 某施工单位承接了某一级公路水泥混凝土路面“白改黑”工程施工，该工程路基宽2×12m，路面宽度2×10m，长45.5km，工期4个月。施工内容包括：旧水泥路面病害的治理、玻纤格栅铺设、6cm厚AC-20下面层摊铺、5cm厚AC-16中面层摊铺、4cm厚SBS改性沥青SMA上面层摊铺。设计中规定上面层SMA混合料必须采用耐磨值高的玄武岩碎石，施工时采用厂拌法施工。为保证工期，施工单位购置了2台3000型间歇式沥青混凝土拌和站（假设SMA沥青混合料的压实密度为2.36t/m^2，每台3 000型拌和站每拌制一满盘料的重量为3 000kg），4台10m可变宽摊铺机，8台双钢轮压路机及4台胶轮压路机。玻纤格栅采用人工铺设：先洒一层热沥青作黏层油（0.4～0.6kg/㎡），然后用固定器将一端固定好，用人工将玻纤格栅拉平、拉紧后，用固定器固定另一端。施工采用马歇尔试验配合比设计法经由三阶段确定了的混合料的材料品种、配合比、矿料级配及最佳沥青用量，用以指导施工。

问题：

（1）施工过程中，复合式路面的检查评定与非复合式路面有什么不同?

（2）简述沥青混合料压实的施工工艺。

（3）沥青混合料摊铺过程中如何处理接缝问题?

2. 某高速公路通过公开招标选择了施工单位，并签订了施工合同。经发包人同意，施工单位将桥墩柱部分进行了劳务分包（分包队伍有劳务资质）。在施工现场，监理工程师发现施工单位未按批复的专项施工方案搭设墩柱脚手架及爬梯，立即下发监理指令，要求其停工整改。施工单位回复监理工程师：施工方案的选择是施工单位的事，没有必要搭设脚手架及爬梯。施工合同中也无搭设脚手架及爬梯的专项费用，如果搭设脚手架及爬梯，应增加费用。

问题：

（1）施工单位将桥梁墩柱部分进行劳务分包是否合适？说明理由。

（2）监理工程师做法是否正确？说明理由。

（3）对于搭设脚手架及爬梯的争议，施工单位要求增加相应费用，监理工程师应如何回复施工单位?

第四部分　模拟试卷参考答案及解析

模拟试卷一

一、单项选择题（下列各题中，只有一个备选项最符合题意，请将你认为最符合题意的一个备选项在答题卡相应的代号框格内涂黑，选错或不选不得分。每题1分，共20分。）

1. **答案**：A

解析：根据土质路基压实度标准，填方路堤上层的压实度应比下层的压实度大。

2. **答案**：C

解析：顶推法多应用于预应力钢筋混凝土等截面连续梁桥和斜拉桥梁的施工。适用范围：中等跨径的等截面梁、连续梁，简支梁，拱桥（桥面纵梁），斜拉桥（主梁）等结构。不适应多跨变高梁、曲率变化的曲线桥和竖向曲率大的桥梁，受顶推悬臂弯矩的限制，顶推跨径大于70～80m不经济。

3. **答案**：B

解析：《公路土工试验规程》（JTG E40—2007），酒精燃烧法适用于快速简易测定细粒土（含有机质的土除外）的含水率。

4. **答案**：D

解析：依据《公路路基施工技术规范》（JTG F10—2006），填石路堤施工过程中的每一压实层，可用试验路段确定的工艺流程和工艺参数，控制压实过程；用试验路段确定的沉降差指标检测压实质量。

5. **答案**：A

解析：对用于高速公路和一级公路的公称最大粒径等于或小于19mm的密级配沥青混合料（AC）需在配合比设计的基础上按下列步骤进行车辙试验、浸水马歇尔试验和冻融劈裂试验，不符合要求的沥青混合料，必须更换材料或重新进行配合比设计。

6. **答案**：C

解析：依据《公路路基施工技术规范》（JTG F10—2006），性质不同的填料，应水平分层、分段填筑、分层压实。同一水平层路基的全宽应采用同一种填料，不得混合填筑。每种填料的填筑层压实后的连续厚度不宜小于500mm。填筑路床顶最后一层时，压实后的厚度不小于100mm。

7. **答案**：C

解析：依据《公路路基施工技术规范》（JTG F10—2006），泥炭、淤泥、冻土、强膨胀土、有机质土及易溶盐超过允许含量的土，不得用作路基填料；确需使用时，必须采取技术措施进行处理，经检验满足设计要求后方可使用。

8. **答案**：C

解析：自高处向模板内倾卸混凝土时，为防止混凝土离析，应符合下列规定：

（1）从高处直接倾卸时，其自由倾落高度不宜超过2m，以不发生离析为度。

（2）当倾落高度超过2m时，应通过串筒、溜管或振动溜管等设施下落；倾落高度超过10m时，应设置减速装置。

（3）在串筒出料口下面，混凝土堆积高度不宜超过1m。

9. **答案**：A

解析：路堤边坡护坡宜在路堤沉降稳定后施工。

10. **答案**：C

解析：普通沥青混合料的储存时间不得超过72h，改性沥青混合料的储存时间不宜超过24h，SMA混合料只限当天使用，OGFC混合料宜随拌随用。

11. **答案**：A

解析：相邻碾压带重叠宽度一般为100～200mm，当采用三轮钢筒式压路机时，相邻碾压带宜重叠后轮的1/2宽度，并不应少于200mm。

12. **答案**：B

解析：主缆施工顺序：⑤牵引系统施工→②猫道架设→①主缆架设→④紧缆→③索夹安装与吊索架设。

13. **答案**：C

解析：无机结合料基层施工注意事项：

（1）水泥稳定土基层水泥剂量不宜超过6%。

（2）水泥稳定土基层施工时，必须采用流水作业法，使各个工序紧密衔接。特别是要尽量缩短从拌和到完成碾压之间的延迟时间。

（3）水泥稳定土基层施工时，应作水泥稳定土的延迟时间对其强度影响的试验，以指导施工，确保不合格混合料不用于工程。

（4）水泥稳定土基层施工时，要综合考虑水泥终凝时间对施工运输车辆、运距、摊铺碾压时间的要求，必要时添加缓凝剂，确保施工顺利进行。

（5）水泥稳定土基层分层施工时，第二层必须在第一层养生7d后方可铺筑。铺筑第二层之前，应在第一层顶面洒少量水泥或水泥浆。

（6）石灰稳定土基层、石灰工业废渣稳定土基层，分层施工时，下层石灰稳定土碾压完成后，可以立即铺筑上一层石灰稳定土，不需要专门的养生期。

（7）无机结合料基层施工时，严禁用薄层贴补的办法进行找平。

（8）无机结合料基层施工宜在春末和气温较高的季节组织施工，施工期的日最低气温应在5℃以上，在有冰冻的地区，并应在第一次重冰冻（-5～-3℃）到来之前半个月到一个月内完成。

（9）如无机结合料基层上为薄沥青层，基层每边应较面层展宽20cm以上。在基层全宽上喷洒透层或黏层沥青或设下封层，沥青面层边沿向侧做成三角形。

14. **答案：** C

解析：《公路桥涵施工技术规范》（JTG/T F50—2011），护筒的设置应符合下列规定：

（1）护筒宜采用钢板卷制。

（2）护筒埋设定位时，除设计另有规定外，护筒中心与桩中心的平面位置偏差应不大于 50mm。

（3）护筒顶宜高出地面 0.3m 或水面 1.0 ~2.0m，在有潮汐影响的水域，护筒顶应高出施工期最高潮水位 1.5 ~2.0m。

（4）护筒的埋置深度在旱地或筑岛处宜为 2 ~4m。

15. **答案：** B

解析： 在支架上浇筑混凝土应对支架进行预压试验，以检验支架的承载能力和稳定性，消除非弹性变形。对简支梁、连续梁、悬臂梁的浇筑顺序，应严格按设计和有关规定处理。

16. **答案：** D

解析： 沥青路面的细集料有天然砂、机制砂、石屑。要求洁净、干燥、无风化、无杂质，具有良好的颗粒级配。

17. **答案：** C

解析：《公路桥涵施工技术规范》（JTG/T F50—2011），骨架的焊接拼装应在坚固的工作台上进行，操作时应符合下列规定：

（1）拼装时应按设计图纸放大样，放样时应考虑焊接变形的预留拱度。钢筋拼装前，对有焊接接头的钢筋应检查每根接头是否符合焊接要求。

（2）骨架焊接时，不同直径钢筋的中心线应在同一平面上。较小直径的钢筋在焊接时，下面宜垫以厚度适当的钢板。施焊顺序宜由中到边对称地向两端进行，先焊骨架下部，后焊骨架上部。相邻的焊缝采用分区对称跳焊，不得顺方向一次焊成。

18. **答案：** B

解析： 涵洞完成后，当涵洞砌体砂浆或混凝土强度达到设计强度的 70% 时，方可进行回填土，回填土要符合质量要求，涵洞处路堤缺口填土从涵身两侧不小于 2 倍孔径范围内，同时水平分层、对称地填筑、夯（压）实。用机械填土时，除按照上述规定办理外，涵洞顶上填土厚度必须大于 1m 时，才允许机械通过，且在使用振动压路机碾压时，禁止开动振动源。

19. **答案：** D

解析： 台背回填施工控制要点：

（1）控制填料质量。填土应采用透水性材料或设计规定的材料，不得采用含有泥、草、腐殖物或冻土块的土。

（2）严格控制台背填土分层厚度和压实度，并设专人负责监督检查，每 $50m^2$ 至少检验 1 点。

（3）台身强度达到设计强度的75%以上时方可进行回填，回填宜采用小型机具压实。

（4）台背填土的长度不得小于规范规定，即台身顶面处不小于桥台高度加2.0m，底面不小于2.0m，拱桥台背填土长度应不小于台高的3~4倍。

（5）台背填土的顺序应符合设计要求。拱桥台背填土宜在主拱圈安装或砌筑以前完成，梁式桥的轻型桥台台背回填宜在梁体安装完成以后，在两侧平衡地进行，柱式桥台台背填土宜在柱侧对称、平衡地进行。

20. **答案**：B

解析：标线的实测项目有标线的长度、宽度、厚度、纵向间距、剥落面积、逆反光系数。标线裂缝、起泡现象属于外观鉴定的内容。

二、多项选择题（在下列各题中的备选答案中，有两个或两个以上的备选项符合题意，请将你认为符合题意的备选项在答题卡相应的代号框格内涂黑，若选项中有错误选项该题不得分，选项正确但不完全的每个选项给0.5分，完全正确的得满分。每题2分，共40分。）

1. **答案**：BCE

解析：单幅路的路基设计高程一般为路基边缘高程，设立中央分隔带时为中央分隔带边缘高程，在设置超高加宽路段，为设置超高加宽前的路基边缘高程。

2. **答案**：ACD

解析：我国现行规范采用马歇尔试验配合比设计方法。高速公路、一级公路沥青混合料的配合比设计分为三个阶段：目标配合比设计阶段、生产配合比设计阶段、生产配合比验证阶段。

3. **答案**：ABD

解析：根据《公路路面基层施工技术规范》（JTJ 034—2000），水泥稳定土结构层宜在春末和气温较高季节组织施工。施工期的日最低气温应在5℃以上，在有冰冻的地区，应在第1次重冰冻（−5~−3℃）到来之前半个月到一个月内完成。水泥稳定混合料应在中心拌和厂拌和，可采用间歇式或是连续式拌和设备。拌和要均匀，含水率要略大于最佳值，使混合料运到现场摊铺碾压时的含水率不小于最佳值（1%~2%）；碾压时，直线段由两侧向中心碾压，超高段由内侧向外侧碾压；水泥稳定碎石混合料从加水拌和到碾压终了的延续时间宜控制在3~4h。

4. **答案**：BCD

解析：不同土质混合填筑路堤，以透水性较小的土填筑于路堤下层时，应做成4%的双向横坡；如用于填筑上层时，除干旱地区外，不应覆盖在由透水性较好的土所填筑的路堤边坡上。不同性质的土应分别填筑，不得混填。每种填料层累计总厚不宜小于0.5m。

5. **答案**：BCD

解析：含草皮、生活垃圾、树根、腐殖质的土严禁作为填料；泥炭、淤泥、冻土、强膨胀土、有机质土及易溶盐超过允许含量的土，不得直接用于填筑路基；确需使用时，必须采取技术措施进行处理，经检验满足设计要求后方可使用。

6. **答案**：ABDE

解析：粗集料是指集料中粒径大于4.75mm（或2.36mm）的那部分材料，粗集料包括碎石、破碎砾石、筛选砾石、钢渣、矿渣等。路面施工过程应加强粗集料加工特性质量控制，粗集料加工特性包括表观相对密度、级配组成、针片状颗粒含量、软石含量等。

7. **答案**：ABDE

解析：施工准备阶段监理工作内容有：参加设计交底、审批施工组织设计、检查保证体系、审核工地试验室、审批复测结果、验收地面线、审批工程划分、确认场地占用计划、核算工程量清单、签发开工预付款支付证书、召开监理交底会、召开第一次工地会议、签发合同工程开工令13项。

8. **答案**：ABD

解析：沥青路面的抗滑性能主要通过横向力系数SFC和路面宏观构造深度TD来表征，主要适用于高速公路和一级公路。摆式摩擦仪的摆值适用于低等级公路，检测的是微观构造深度，适用于二级及以下公路。

9. **答案**：ACD

解析：沥青混凝土路面的检验主要检验内容包括：沥青混凝土面层的压实度、路表平整度、弯沉值、路表渗水系数、摩擦因数、构造深度、面层厚度、中线偏位、纵断面高程、路面宽度及横坡。

10. **答案**：ABDE

解析：桩基础是利用桩身把上部荷载传入到下面可以满足荷载要求的地层中，它由桩和承台组成，主要用于载荷较大，地基持力层位置较深、河道不稳定或冲刷深度不易计算正确、结构物对不均匀沉降敏感、施工水位或地下水位较高等情况。

11. **答案**：BCDE

解析：《公路桥涵施工技术规范》（JTG/T F50—2011），桥台搭板下台后填土的填料宜以透水性材料为主，并应分层填筑、压实。台后地基如为软土，应按设计要求对地基进行处理并对台后填土进行预压，预压应在搭板施工前进行。

12. **答案**：ABCE

解析：上封层：根据情况可选乳化沥青稀浆封层、微表处、改性沥青集料封层、薄层磨耗层或其他适宜的材料。铺设上封层的下卧层必须彻底清扫干净，对车辙、坑槽、裂缝进行处理或挖补。下封层：多雨潮湿地区的高速公路、一级公路的沥青面层孔隙率较大，有严重渗水可能，或铺筑基层后不能及时铺筑沥青面层而需通行车辆时，宜在喷洒透油层后铺筑下封层。下封层宜采用层铺法表面处治或稀浆封层法施工。稀浆封层可采用乳化沥青或改性乳化沥青作结合料。

13. **答案**：ACDE

解析：石灰土、二灰土在碾压或养护中出现龟裂的预防措施：（1）混合料在拌和碾压过程中，应经常检查含水率。含水率不足时，应及时洒水。应在混合料的含水率等于或略大于最佳值时进行碾压。（2）加强混合料的粉碎和拌和，对不易粉碎的黏土宜采用专用机械，并可采用二次拌和法。对超尺寸土块予以剔除。（3）无论石灰土还是二灰土基层，均应保证下卧层的充分压实。在碾压过程中，如发现土过干或表层松散，应适当加水；如土过湿，发生“弹簧”现象，应采用挖开晾晒、换土、掺石灰或粒料等措施进行处理。（4）养生期间，应禁止重型车辆通行。

14. **答案：**ADE

解析：根据《公路工程质量检验评定标准》（JTG F80/1—2004），钻孔灌注桩实测项目有混凝土强度、桩位、孔深、孔径、钻孔倾斜度、沉淀厚度和刚筋骨架底面高程。

15. **答案：**BCDE

解析：石方爆破工程安全监理要点：检查爆破相关手续、施工单位资质等；石方爆破作业应按国家现行的《爆破安全规程》（GB 6722—2003）执行；爆破工作必须有专人指挥；石方地段爆破后，必须确认已经解除警戒，清理石方人员方准进入现场。

16. **答案：**ABC

解析：各选项均可依据《公路路基施工技术规范》（JTG F10—2006），膨胀土地区路基施工，应避开雨季作业，加强现场排水，基底和已填筑的路基不得被水浸泡。膨胀土地区路基应分段施工，各道工序应紧密衔接，连续完成。路基边坡按设计要求修整，并应及时进行防护施工。膨胀土作为填料时应符合以下规定：强膨胀土不得作为路堤填料。中等膨胀土经处理后可作为填料，用于二级及二级以上公路路堤填料时，改性处理后胀缩总率应不大于0.7%。胀缩总率不超过0.7%的弱膨胀土可作为填料。膨胀土路基填筑松铺厚度不得大于300mm。

17. **答案：**ABDE

解析：《公路桥涵施工技术规范》（JTG/T F50—2011），混凝土应按一定的厚度、顺序和方向分层浇筑，且应在下层混凝土初凝或能重塑前浇筑完成上层混凝土。上下层同时浇筑时，上层与下层前后浇筑距离应保持1.5m以上。在倾斜面上浇筑混凝土时，应从低处开始逐层扩展升高，保持水平分层。

18. **答案：**ABC

解析：斜拉桥主梁施工监控测试的主要内容：

（1）变形：主梁线形、高程、轴线偏差、索塔的水平位移。

（2）应力：拉索索力、支座力以及梁塔应力在施工过程中的变化。

（3）温度：温度场及指定测量时间塔、梁、索的变化。

19. **答案：**ACDE

解析：钢筋混凝土拱桥施工可采用支架施工、转体施工、劲性骨架施工和预制吊装施工等方法。

20. **答案：**ABCD

解析：梁板预制实测项目有：混凝土强度、梁板长度、宽度、高度、断面尺寸、平整度和横系梁及预埋件位置。

三、判断题（认为题述观点正确的请在答题卡上将该题的［√］框格涂黑，错误的将该题的［×］框格涂黑，判断准确得分，否则不得分。每题 1 分，共 10 分。）

1. **答案**：√

解析：路基临界高度是指在不利季节路基分别处于干燥、中湿、潮湿、过湿状态时，路槽底距地下水位或长期地表积水位的最小高度。若以 H 表示路槽底距地下水位的高度，当路基的高度 H 变化时，平均含水率将变化，土的平均稠度亦随之改变，路基的干湿状态相应地变化。

2. **答案**：√

解析：《公路土工试验规程》（JTG E40—2007），应以土的下列特征作为土的分类依据：（1）土的颗粒组成特征；（2）土的塑性指标；（3）土中有机质存在情况。

3. **答案**：×

解析：粉胶比越大，沥青混合料高温稳定性越好，进而提高路面的抗车辙能力。

4. **答案**：×

解析：对水泥稳定类基层或底基层材料并不是强度越高越好，应综合考虑面层、垫层、土基材料的强度以及外界因素的影响进行合理设计。

5. **答案**：√

解析：台背与路堤间的回填施工应符合以下规定：二级及二级以上公路应按设计做好过渡段，过渡段路堤压实度应不小于 96%。二级以下公路的路堤与回填的连接部，应按设计要求预留台阶。台背回填部分的路床宜与路堤路床同步填筑。桥台背和锥坡回填施工宜同步进行，一次填足并保证压实整修后能达到设计宽度要求。

6. **答案**：√

解析：对交通量大、轴载重的道路，宜偏向级配范围的下限。对中小交通或人行道路等，宜偏向级配范围的上限。

7. **答案**：×

解析：抛石挤淤应选用不易风化的片石，片石厚度或直径不宜小于 300mm。

8. **答案**：×

解析：《公路水运工程施工企业安全生产管理人员考核培训教材》：

（1）人工挖孔，除应经常检查孔内的气体情况外，还要遵守下列规定：

①挖孔人员下孔作业前，应先用鼓风机将孔内空气排出更换。

②二氧化碳气体含量超过 0.3% 时，应采取通风措施。对含量虽不超过规定，但作业员有呼吸不适感觉时，亦应采取通风或换班作业等措施。

③空气污染超过三级标准浓度值时，如没有安全可靠的措施不得采取人工挖孔作业。

（2）人工挖孔超过10m深，应采用机械通风，并必须有足够保证安全的支护设施及常备的安全梯道。人工挖孔最深不得超过15m。

9. **答案**：×

解析：拱圈砌筑砂浆或混凝土强度达到设计强度的75%时，方可拆除拱架。达到设计强度后，方可回填土。

10. **答案**：√

解析：交通标线施工质量检测外观鉴定：①路面污染面积不超过10cm²；②线形流畅；③玻璃珠撒布均匀；④标线表面无网状裂纹、断裂缝、气泡。

四、综合分析题（按所给问题的背景资料，正确分析并回答问题，请将答案写在答题纸指定位置，每题15分，共30分。）

1. **答案**：

（1）地面横坡陡于1∶5时，原地面应挖成台阶（台阶宽度不小于2m），并用小型夯实机加以夯实。填筑应由最低一层台阶填起，并分层夯实，然后逐台向上填筑，所有台阶分层夯实填完之后，即可按一般填土进行。

（2）不同土体填筑路堤施工时一般要求有：①强度较大的土应填在上层，强度较小的土应填在下层。②凡不因潮湿或冻融影响而变更其体积的优良土应填在上层。③不同土质混合填筑路堤时，以透水性较小的土填筑于路堤下层时，应做成4%的双向横坡；如用于填筑上层时，除干旱地区外，不应覆盖在由透水性较好的土所填筑的路堤边坡上。

（3）该工程未能有效控制压实质量。因为根据选择的填料和压实机具，应该分三层或四层碾压。

（4）不符合工序检查的要求。因为分层碾压时，每一压实层都要进行相关检测。不能认定合格，因为存在漏项，漏了压实度和弯沉。

2. **答案**：

（1）施工过程中存在的问题有：①施工人员在表面洒布干水泥粉用以吸干表面水分的做法不当，因为此种做法容易造成干缩裂缝并且不利于与上层沥青混凝土层的黏结，正确的做法应该是正常收浆，然后进行扫毛或拉毛。②混凝土强度达到设计强度的70%后，施工人员用清水将表面清洗干净的做法不当。因为不宜用清水冲洗，宜用高压水冲洗或空气压缩机吹洗。

（2）该桥面铺装施工质量控制要点主要有：①尽量缩短预制板或现浇板与桥面铺装混凝土的混凝土龄期，避免两者之间产生过大的收缩差。②为使桥面铺装与下面的混凝土构件紧密结合，应对桥面铺装下面的混凝土凿毛，并用高压水冲洗干净。③当进行混凝土桥面铺装时，应按图纸所示预留好伸缩缝、工作槽。④桥面铺装采用全桥宽上同时进行或分车道进行铺装，或根据监理工程师指示办理。⑤混凝土的铺设要均匀，铺设的高度应略高于完成的桥面高程，要用振动压实器压实，并用整平板整平。⑥混凝土桥面铺装的最终修整工作，应包括镘平及清理。在修整前要清理所有的表面自由水，但不能用如水泥、石粉或砂子来吸干表面水分。⑦在一段桥面铺装修整完成后的15min内，要采用有效的措施保护混凝土表面不受风吹日晒。⑧当水泥混凝土桥面之上铺装沥青混凝土时，该水泥混凝土桥面铺装除按上述要求处理外，其表面应适当拉毛。⑨在沥青混凝土桥面铺装下，如另有一层水泥混凝土底层时，应待底层的水泥混凝土强度达到设计强度的70%以上时，方能铺筑沥青混凝土桥面铺装。

模拟试卷二

一、单项选择题（下列各题中，只有一个备选项最符合题意，请将你认为最符合题意的一个备选项在答题卡相应的代号框格内涂黑，选错或不选不得分。每题1分，共20分。）

1. **答案**：C

解析：由击实曲线可知，最佳含水率相对应的干密度为最大干密度，含水率超过最佳含水率时，干密度逐渐减小，因此，C为正确答案。

2. **答案**：B

解析：符合下列情况，应洒布黏层沥青：

（1）双层式或三层式热拌热铺沥青混合料路面在铺筑上层面层前，且其下面层的沥青层已被污染。

（2）旧沥青路面上加铺沥青面层。

（3）水泥混凝土路面上铺筑沥青面层，或桥面铺装前。

（4）与新铺沥青混合料接触的路缘石、雨水进水口、检查井等的侧面。

3. **答案**：B

解析：级配碎石层施工时，应遵守下列规定：

（1）颗粒组成曲线应是一条顺滑的曲线。配料必须准确。塑性指数应符合规定。

（2）混合料必须拌和均匀，没有粗细颗粒离析现象。

（3）级配碎石应在最佳含水率时进行碾压，用做中间层时，其重型击实标准的压实度不应小于100%；用做基层时，其重型击实标准的压实度不应小于98%；用做底基层时，其重型击实标准的压实度不应小于96%。

（4）应使用12t以上三轮压路机碾压，每层的压实厚度不应超过15～18cm。用重型振动压路机和轮胎压路机碾压时，每层的压实厚度可达20cm。

（5）级配碎石基层未洒透层沥青或未铺封层时，禁止开放交通，以保护表层不受破坏。

4. **答案**：C

解析：依据《公路路基施工技术规范》（JTG F10—2006），圬工防护工程砂浆初凝后，应立即开始养生，养护期一般为5～7d。

5. **答案**：D

解析：模板、支架拆除应按设计的顺序进行，设计无规定时，应遵循先支后拆，后支先拆的顺序，拆时严禁抛扔。

6. **答案**：B

解析：合理设计混凝土的配合比，改善集料级配、降低水灰比、掺加粉煤灰等掺合料、掺加缓凝剂。在工作条件能满足的情况下，尽可能采用较小水灰比及较低坍落度的混凝土。

7. **答案**：B

解析：垫层为介于基层与土基之间的结构层，在土基水稳状况不良时，用以改善土基的水稳状况，提高路面结构的水稳性和抗冻胀能力，并可扩散荷载，以减少土基变形。垫层材料有粒料和无机结合料稳定土两类。粒料包括天然砂砾、粗砂、炉渣等。

8. **答案**：B

解析：改性沥青在使用过程中一般应注意：改性沥青宜在固定工厂或在现场设厂集中制作，也可在拌和厂现场边制造边使用，改性沥青的加工温度不宜超过180℃。胶乳类改性剂和制成颗粒的改性剂可直接投入拌和缸中生产改性沥青混合料。

9. **答案**：C

解析：高速、一级公路沥青路面不宜采用粉煤灰做填料。

10. **答案**：B

解析：沥青混合料的高温稳定性检验：按最佳沥青用量制作车辙试验试件，采用规定方法进行车辙试验，检验设计沥青混合料的高温抗车辙能力，是否达到规定的动稳定度指标。

11. **答案**：C

解析：依据《公路路基施工技术规范》（JTG F10—2006），填石路堤压实机械宜选用自重不小于18t的振动压路机。

12. **答案**：C

解析：路床顶面以下0~0.3m为上路床，0.3~0.8m为下路床；0.8~1.5m为上路堤，大于1.5m为下路堤。

13. **答案**：C

解析：根据《公路桥涵施工技术规范》（JTG/T F50—2011），后张拉预应力筋的张拉和锚固应符合下列规定：张拉时，结构或构件混凝土的强度、弹性模量（或龄期）应符合设计规定；设计未规定时，混凝土的强度应不低于设计强度等级值的80%，弹性模量应不低于混凝土28d弹性模量的80%。

14. **答案**：A

解析：在对常用模板进行设计时，通常需要同时考虑施工过程中模板需承受的设计荷载以及模板刚度。

15. **答案**：C

解析：《公路工程质量检验评定标准》（JTG F80/1—2004），拱圈的施工必须在桥台填土完成后进行，避免因桥台水平位移而引起拱圈开裂。施工中应严密监控拱圈的变形是否正常，一旦出现不利于拱圈稳定的反对称变形或异常变形，必须立即分析原因，采取措施予以纠正。

16. **答案：** A

解析： 依据《公路路基施工技术规范》（JTG F10—2006），土方路堤施工过程中，每一压实层应检验压实度，检验频率为每 1 000m^2 至少检验 2 点，不足 1 000m^2 时检验 2 点，必要时可根据需要增加检验点。

17. **答案：** B

解析： 依据《公路工程质量检验评定标准》（JTG F80/1—2004），高速公路上路床压实度规定值为 96%，规定极值为 91%。评定时：$K \geqslant K_0$，且单点压实度 K_i 全部大于等于规定值减 2 个百分点时，评定路段的压实度合格率为 100%；当 $K \geqslant K_0$，且单点压实度全部大于等于规定极值时，按测定值不低于规定值减 2 个百分点的测点数计算合格率。$K < K_0$ 或某一单点压实度 K_i 小于规定极值时，该评定路段压实度为不合格，相应分项工程评为不合格。本题中存在小于规定极值的测点，因此压实度评定为不合格，正确答案为 B。

18. **答案：** C

解析： 拆除滑模设备时，监理工程师应监督施工单位做好安全防护措施。拆除时可视吊装设备能力，分组拆除或吊至地面上解体，以减少高处作业量和杆件变形。拆除现场应划定警戒区。警戒线到建筑物边缘的安全距离不得小于 10. 0m。

19. **答案：** D

解析： 依据《公路工程质量检验评定标准》（JTG F80/1—2004）。

20. **答案：** A

解析：

（1）水泥稳定土可适用于各级公路的基层和底基层，但水泥稳定细粒土不能用做二级和二级以上公路高等级路面的基层。

（2）石灰稳定土适用于各级公路的底基层，以及二级和二级以下公路的基层，但石灰土不得用做二级公路的基层和二级以上公路高等级路面的基层。

（3）石灰工业废渣稳定土可适用于各级公路的基层和底基层，但二灰、二灰土和二灰砂不应做二级和二级以上公路高等级路面的基层。

二、多项选择题（在下列各题中的备选答案中，有两个或两个以上的备选项符合题意，请将你认为符合题意的备选项在答题卡相应的代号框格内涂黑，若选项中有错误选项该题不得分，选项正确但不完全的每个选项给 0. 5 分，完全正确的得满分。每题 2 分，共 40 分。）

1. **答案：** AB

解析： 合同段和建设项目所含单位工程全部合格，其工程质量评定等级为合格，所属任一单位工程不合格，则合同段和建设项目为不合格。

2. **答案：** ABCD

解析：《公路路基施工技术规范》（JTG F10—2006），公路工程路基施工时应防止水土污染和流失、防治噪声、空气污染，对生态和文物进行保护。

3. **答案：**CDE

解析：依据《公路沥青路面施工技术规范》（JTG F40—2004），铺筑高速公路、一级公路沥青混合料时，一台摊铺机的铺筑宽度不宜超过6m（双车道）~7.5m（3车道以上），通常宜采用两台或更多台数的摊铺机前后错开10~20m，呈梯队方式同步摊铺，两幅之间应有30~60mm左右宽度的搭接，并躲开车道轮迹带，上下层的搭接位置宜错开200mm以上；摊铺前应提前0.5~1.0h预热熨平板不低于100℃；摊铺机应采用自动找平方式，下面层或基层宜采用钢丝绳引导的高程控制方式，上面层宜采用平衡梁或雪橇式摊铺厚度控制方式，中面层根据情况选用找平方式。直接接触式平衡梁的轮子不得黏附沥青。铺筑改性沥青或SMA路面时宜采用非接触式平衡梁。

4. **答案：**ABD

解析：水泥稳定土结构层施工时的注意事项：

（1）水泥稳定土结构层宜在春末和气温较高季节组织施工。施工期的日最低气温应在5℃以上，雨季施工时要注意天气变化，勿使水泥和混合料遭雨淋。

（2）施工时土块应尽可能粉碎，最大尺寸不应超15mm，而且配料必须准确。

（3）水泥稳定土必须洒水、拌和均匀，路拌法施工时水泥也应摊铺均匀。且要严格控制基层厚度和高程，其路拱横坡应与面层一致。

（4）应在混合料处于或略大于最佳含水率时进行碾压，直到达到下列按重型击实试验法确定的要求压实度。

5. **答案：**ABD

解析：土质路堑纵向挖掘多采用机械作业，具体方法有：

（1）分层纵挖法：沿路堑全宽，以深度不大的纵向分层进行挖掘，适用于较长的路堑开挖。

（2）通道纵挖法：先沿路堑纵向挖掘一通道，然后将通道向两侧拓宽以扩大工作面，并利用该通道作为运土路线及场内排水的出路。该层通道拓宽至路堑边坡后，再挖下层通道，如此向纵深开挖至路基高程，该法适用于较长、较深、两端地面纵坡较小的路堑开挖。

（3）分段纵挖法：沿路堑纵向选择一个或几个适宜处，将较薄一侧堑壁横向挖穿，使路堑分成两段或数段，各段再纵向开挖。该法适用于过长，弃土运距过远，一侧堑壁较薄的傍山路堑开挖。

6. **答案：**BCD

解析：对高速公路、一级公路，夏季温度高、高温持续时间长、重载交通、山区及丘陵区上坡路段、服务区、停车场等行车速度慢的路段，尤其是汽车荷载剪应力大的面层，宜采用稠度大、黏度大的沥青。对冬季寒冷的地区或交通量小的公路、旅游公路宜选用稠度小、低温延度大的沥青。

7. **答案：**ACD

解析：确定路基高度应考虑的因素主要有：公路的设计洪水位、路基土的最小填土高度、与公路的纵断面线形协调性等。

8. **答案**：ABD

解析：强膨胀土不得作为路堤填料。中等膨胀土经处理后可作为填料，用于二级及二级以上公路路堤填料时，改性处理后胀缩总率应不大于0.7%。胀缩总率应不超过0.7%的弱膨胀土可作为填料。

9. **答案**：ADE

解析：密级配沥青混合料：按密实级配原理设计组成的各种粒径颗粒的矿料，与沥青结合料拌和而成，设计空隙率较小的密实式沥青混凝土混合料（以AC表示）和密实式沥青稳定碎石混合料（以ATB表示）。

10. **答案**：ABC

解析：水泥混凝土路面宜采用硅酸盐水泥、普通硅酸盐水泥和高铁水泥。高铁水泥要比普通硅酸盐水泥硬度高许多，多用于特殊用途的建筑物。

11. **答案**：ABCD

解析：钻孔灌注桩水下混凝土配制要求：

（1）可采用火山灰水泥、粉煤灰水泥、普通硅酸盐水泥或硅酸盐水泥，使用矿渣水泥时应采取防离析措施。水泥的初凝时间不宜早于2.5h，水泥的强度等级不宜低于42.5。

（2）粗集料宜优先选用卵石，如采用碎石宜适当增加混凝土配合比的含砂率。集料的最大粒径不应大于导管内径的1/8～1/6和钢筋最小净距的1/4，同时不应大于40mm。

（3）细集料宜采用级配良好的中砂。

（4）混凝土配合比的含砂率宜采用0.4～0.5，水灰比宜采用0.5～0.6。有试验依据时含砂率和水灰比可酌情增大或减小。

（5）混凝土拌和物应有良好的和易性，在运输和灌注过程中应无显著离析、泌水现象。灌注时应保持足够的流动性，其坍落度宜为180～220mm。

（6）每立方米水下混凝土的水泥用量不宜小于350kg，当掺有适宜数量的减水缓凝剂或粉煤灰时，可不少于300kg。

12. **答案**：ACDE

解析：装配式拱桥施工过程中，应配合施工进度对拱肋、拱圈的挠度和横向位移、混凝土裂缝、墩台变位、安装设施的变形和变位等项目进行观测。

13. **答案**：ABC

解析：路面封层的作用：

（1）封闭某一层起着保水防水作用。

（2）基层与沥青表面层之间的过渡和有效联结作用。

（3）路的某一层表面破坏、离析、松散处的加固补强。

（4）基层在沥青面层铺筑前，要临时开放交通，防止基层因天气或车辆作用出现水毁。封层可分为上封层和下封层，就施工类型来分，可采用拌和法或层铺法的单层式表面处治，也可以采用乳化沥青稀浆封层。

14. **答案**：CDE

解析：对混凝土的强度，应制取试件检验其在标准养护条件下28d龄期的抗压极限强度。试件制取组数应符合下列规定：

（1）不同强度及不同配合比的混凝土应分别制取试件，试件应在浇筑地点或拌和地点随机制取。

（2）浇筑一般体积的结构物（如基础、墩台等）时，每一单元结构物应制取2组。

（3）桩身混凝土抗压强度应符合设计规定，并按下列要求制取试件：每根钻孔桩至少应制取2组；桩长20m以上者不少于3组；桩径大、浇筑时间很长时，不少于4组。如换工作班时，每班应制取2组。

（4）连续浇筑大体积结构物混凝土时，每$80 \sim 200m^3$或每一工作班应制取2组。

（5）上部构造，主要构件长16m以下应制取1组，16～30m制取2组，31～50m制取3组，50m以上者不少于5组。小型构件每批或每一工作班应制取不少于2组。

（6）小型构筑物（小桥涵、挡土墙）每一座或每工作班制取不少于2组；当原材料和配合比相同，并由同一拌和站拌制时，可几座或几处合并制取2组。

15. **答案**：ABCD

解析：依据《公路工程质量检验评定标准》（JTG F80/1—2004），梁板预制实测项目有：混凝土强度、梁板长度、宽度、高度、断面尺寸、平整度和横系梁及预埋件位置。

16. **答案**：CD

解析：大于$2.2 \times 0.96 = 2.112$的测点干密度都是合格的。

17. **答案**：ACDE

解析：依据《公路路基施工技术规范》（JTG F10—2006），在反复冻融地区，昼夜平均温度在-3℃以下，连续10d以上时，进行路基施工称为路基冬季施工。当昼夜平均温度虽然在-3℃以上，但冻土未完全融化时，亦应按冬季施工办理。土质路堤路床以下1.0m范围内，不得进行冬季施工。半填半挖地段、挖填方交界处不得在冬季施工。填筑路堤，应按照横断面全宽平填，每层松铺厚度比正常施工减少20%～30%且不超过300mm。当天填土应当天完成碾压。

18. **答案**：ADE

解析：

（1）在计算荷载作用下，对模板、支架结构按受力工况分别验算其强度、刚度，支架还应进行稳定性验算。

（2）宜优先使用胶合板和钢模板。

（3）当结构自重和汽车荷载（不计冲击力）产生的向下挠度超过跨径的1/1 600时，钢筋混凝土梁、板的底模板应设预拱度，预拱度值应等于结构自重和1/2汽车荷载（不计冲击力）所产生的挠度。

（4）结构表面外露的模板，挠度为模板构件跨度的1/400；结构表面隐蔽的模板，挠度为模板构件跨度的1/250。

（5）钢筋混凝土结构的承重模板、支架，应在混凝土强度能承受其自重力及其他可能的叠加荷载时，方可拆除，当构件跨度不大于4.0m时，在混凝土强度符合设计强度标准值的50%的要求后，方可拆除；当构件跨度大于4.0m时，在混凝土强度符合设计强度标准值的75%的要求后，方可拆除。

19. **答案**：BCE

解析：桥梁竣工后应进行竣工测量，测量项目如下：

（1）测定桥梁中线，丈量跨径。

（2）丈量墩、台（或塔、锚）各部尺寸。

（3）检查桥面高程。

20. **答案**：ABCD

解析：主梁结构体系按梁、塔、索三者结合方式，可分成四种不同体系：

（1）漂浮体系：塔墩固结、塔梁分离，主梁除两端有支撑外，其余全部由拉索悬吊，这种体系不能对梁提供有效的横向支撑，给结构体系的温度收缩系数和徐变内力小，各截面变形和内力变化平缓、受力均匀，但在悬臂施工时须在塔柱处加临时固结。

（2）支撑体系：塔墩固结、塔梁分离，主梁在塔墩上设置竖向支承，成为具有多点弹性支承的三跨连续梁或悬臂梁，后者即在跨中设铰或挂孔，挂孔需要有一定长度，以免在一侧受到荷载时，导致挂孔发生过大倾斜。

（3）塔、梁固结体系：塔、梁固结并支承在墩上，斜拉索为弹性支承，它可以用于连续梁或悬臂梁，梁的内力和挠度直接同主梁与塔的弯曲刚度比值有关。

（4）刚构体系：梁塔墩互为固结，形成跨度内具有多点弹性支承的刚构体系。

三、判断题（认为题述观点正确的请在答题卡上将该题的［√］框格涂黑，错误的将该题的［×］框格涂黑，判断准确得分，否则不得分。每题1分，共10分。）

1. **答案**：√

解析：根据《公路工程质量检验评定标准》（JTG F80/1—2004），评定为不合格的分项工程，经加固、补强或返工、调测，满足设计要求后，可以重新评定其质量等级，但计算分部工程评分值时按其复评分值的90%计算。

2. **答案**：×

解析：依据《公路路基施工技术规范》（JTG F10—2006），试验路段应选择在地质条件、断面形式等工程特点具有代表性的地段，路段长度不宜小于100m。

3. **答案**：√

解析：《公路路基施工技术规范》（JTG F10—2006），用灌砂法、灌水（水袋）法检测压实度时，取土样的底面位置为每一压实层底部，用环刀法试验时，环刀中部应处于压实厚层的1/2深度处，用核子仪试验时，应根据其类型，按说明书要求办理。

4. **答案**：√

解析：依据《公路路基施工技术规范》（JTG F10—2006），填石路堤填料粒径应不大于500mm，并不宜超过层厚的2/3，不均匀系数宜为15～20。路床底面以下400mm范围内，填料粒径应小于150mm。

5. **答案**：×

解析：水泥稳定级配混合料是当今国内外使用最普遍的一种半刚性基层材料，其中又以水泥稳定碎石性能最为优异，常用于高等级沥青路面的基层。

6. **答案**：×

解析：基底应在填筑前进行压实。高速、一级、二级公路路堤基底的压实度应不小于90%，当路堤填土高度小于路床厚度（0.8m）时，基底的压实度不宜小于路床的压实度标准。

7. **答案**：√

解析：连续梁合龙顺序：按设计要求办理，设计无要求时，一般先边跨，后次中跨，再中跨。多跨一次合龙时，必须同时均衡对称地合龙。

8. **答案**：√

解析：沥青贯入式路面的最上层应撒布封层料或加铺拌和层。沥青贯入层作为联结层使用时，可不撒表面封层料。

9. **答案**：√

解析：混凝土搅拌车应定点清洗，设置临时沉淀池，清洗水经沉淀处理后方能外排。有条件者，也可采取废水处理后循环使用。

10. **答案**：×

解析：《公路工程质量检验评定标准》（JTG F80/1—2004）规定：交通安全设施产品须经有资质的检测机构检测，取得合格证，并经工地检验确认满足设计要求后方可使用。

四、综合分析题（按所给问题的背景资料，正确分析并回答问题，请将答案写在答题纸指定位置，每题15分，共30分。）

1. **答案**：

（1）不完全合理。以硬质石料填筑地面上2.0m高度范围后，还应用小碎石、石屑等材料嵌缝、整平再压实。

（2）不能采纳。因为高填方路基宜早开工，避免填筑速度过快，下一道工序应尽量安排晚开工，以使高填方路基有充分的沉降时间。

（3）软土地基处治的方法有：砂垫层、浅层处治（换填、抛石挤淤）、反压护道、土工聚合物处治、袋装砂井、塑料排水板、砂桩、碎石桩、加固土桩等。

2. **答案：**

（1）不完备，T 梁预制实测项目还有平整度、横系梁及预埋件位置。T 梁安装还应检测支承中心偏位、倾斜度、T 梁顶面纵向高程和相邻梁顶面高差。

（2）预拱度和伸缩缝安装质量控制。

（3）后张法预应力筋的加工和张拉的主要检验内容有：

①预应力筋的各项技术性能应符合要求，千斤顶、油表、钢尺等应检查校正。

②预应力管道坐标及管道间距，要求在梁长方向和梁高方向抽查 30%，每根查 10 个点。

③张拉时的应力值、张拉伸长率和张拉断丝、滑丝数：

a. 张拉时的应力值要求查张拉记录，必须符合设计要求。

b. 张拉伸长率要求查张拉记录，必须符合设计规定，无设计规定时必须在 ±6% 范围内。

c. 钢束的断丝、滑丝数每束允许 1 根，且每断面不超过钢丝总数的 1%；钢筋不允许断丝。

模拟试卷三

一、单项选择题（下列各题中，只有一个备选项最符合题意，请将你认为最符合题意的一个备选项在答题卡相应的代号框格内涂黑，选错或不选不得分。每题1分，共20分。）

1. **答案：**B

解析：桥涵构造物基坑及台背回填时，二级及二级以上公路，采用小型机具时，基坑回填的分层压（夯）实厚度不宜大于150mm，并应压（夯）实到设计要求的压实度。

2. **答案：**D

解析：道路用煤沥青适用于下列情况：各种等级公路的各种基层上的透层，三级及三级以下的公路铺筑表面处治或贯入式沥青路面，与道路石油沥青、乳化沥青混合使用，以改善渗透性，道路用煤沥青严禁用于热拌热铺的沥青混合料。

3. **答案：**B

解析：边坡码砌要求紧贴、错缝、密实，无明显孔洞、松动，砌块间承接面向内倾斜，坡面平顺。

4. **答案：**A

解析：水泥路面抗滑构造深度采用铺砂法检验。

5. **答案：**B

解析：在水泥混凝土路面横缝设置与施工中，每天摊铺结束或摊铺中断时间超过30min时，应设置横向施工缝，其位置宜与胀缝或缩缝重合，确有困难不能重合时，施工缝应采用设螺纹传力杆的企口缝形式。横向施工缝在缩缝处采用平缝加传力杆型。在胀缝处其构造与胀缝相同。

6. **答案：**C

解析：填石路堤将填方路段划分为四级施工台阶、四个作业区段、八道工艺流程进行分层施工。四个作业区段正确的施工工艺顺序为分层填筑→推铺平整→振动碾压→检测签认。

7. **答案：**B

解析：路堑开挖前，开挖上方截水沟和下方挡墙情况是环保监理应重点检查的。

8. **答案：**C

解析：普通硅酸盐水泥、矿渣硅酸盐水泥和火山灰质硅酸盐水泥均可作垫层、基层的结合料，但不得使用快硬水泥、早强水泥以及已受潮变质的水泥，宜采用强度等级不低于32.5的水泥。

9. **答案**：A

解析：基础、墩台等厚大体积混凝土侧模板计算强度用荷载组合使用新浇混凝土对侧面模板的压力加上倾倒混凝土时产生的水平荷载。验算刚度用荷载组合使用新浇筑混凝土对侧面模板的压力。

10. **答案**：B

解析：连续梁合龙宜在一天中气温最低时进行的理由：为了使连续梁合龙后结合得更加紧密，气温最低时合龙，待温度升高后，由于热胀冷缩的原理，合龙处会结合得更紧密。

11. **答案**：C

解析：沥青的加热温度控制在规范规定的范围之内，即150～170℃。集料的加热温度控制在160～180℃；混合料的出厂温度控制在140～165℃。沥青混合料最高温度（废弃温度）195℃。混合料运至施工现场的温度控制在120～150℃。

12. **答案**：B

解析：依据《公路沥青路面施工技术规范》（JTG F40—2004），试验段的长度应根据试验目的确定，通常宜为100～200m，宜选在正线上铺筑。

13. **答案**：D

解析：预应力筋下料长度应通过计算确定，计算时应考虑结构的孔道长度或台座长度、锚夹具厚度、千斤顶长度、镦头预留量、冷拉伸长值、弹性回缩值、张拉伸长值和张拉工作长度等因素。

14. **答案**：B

解析：首批混凝土应满足埋置导管1.0m以上和填充导管底部，混凝土应连续灌注，灌注过程中，导管的埋置深度宜控制在2.0～6.0m。

15. **答案**：B

解析：《公路桥涵施工技术规范》（JTG/T F50—2011），构件应按其安装的先后顺序编号存放，预应力混凝土梁、板的存放时间不宜超过3个月，特殊情况下不应超过5个月。

16. **答案**：B

解析：在竖转施工中拱肋制作时的平面位置相同，但拱肋在低位或靠山仰坡上制作，然后再从两边逐渐抬升或放倒预制拱肋搭接成桥。一般只在中、小跨径拱桥中使用，主要适用于转体重量不大的拱桥。

17. **答案**：C

解析：根据《公路工程质量检验评定标准》（JTG F80/1—2004）：

（1）工程质量评定等级分为合格与不合格，应按分项、分部、单位工程、合同段和建设项目逐级评定。

（2）分项工程涉及结构安全和使用功能的重要实测项目为关键项目（在文中以“△”标识），其合格率不得低于90%（属于工厂加工制造的交通工程安全设施及桥梁金属构件不低于95%，机电工程为100%），且检测值不得超过规定极值，否则必须进行返工处理。

（3）评定为不合格的分项工程，经加固、补强或返工、调测，满足设计要求后，可以重新评定其质量等级，但计算分部工程评分值时按其复评分值的90%计算。

（4）合同段工程质量鉴定得分 = 合同段工程质量得分 − 外观缺陷减分 − 内业资料扣分。

18. **答案：** B

解析： 重型击实试验的目的是用标准的击实方法，测定土的密度与含水率的关系，从而确定土的最大干密度和最佳含水率。

19. **答案：** A

解析： 水中的筑岛在工程施工完成后，应及时将填筑土挖掘清除，并运至指定地点堆放，不得将填筑土遗留在河中堵塞河道影响行洪，或遗留在海域中造成污染。采用泥浆护壁进行钻孔桩施工时，应采取有效措施防止泥浆外溢对环境造成污染，废弃的泥浆集中处理。

20. **答案：** C

解析： 波形梁的连接螺栓和拼接螺栓不宜过早拧紧，以便发挥板上长圆孔的调节作用。

二、多项选择题（在下列各题中的备选答案中，有两个或两个以上的备选项符合题意，请将你认为符合题意的备选项在答题卡相应的代号框格内涂黑，若选项中有错误选项该题不得分，选项正确但不完全的每个选项给 0.5 分，完全正确的得满分。每题 2 分，共 40 分。）

1. **答案：** AC

解析： 根据《公路工程技术标准》（JTG B01—2003）：特大桥是多孔跨径总长 $L>1\,000$m，单孔跨径 $L_K>150$m；大桥是 $100\text{m}\leqslant L\leqslant 1\,000\text{m}$，$40\text{m}\leqslant L_K\leqslant 150\text{m}$；中桥是 $30\text{m}<L<100\text{m}$，$20\text{m}\leqslant L_K<40\text{m}$；小桥是 $8\text{m}\leqslant L\leqslant 30\text{m}$，$5\text{m}\leqslant L_K<20\text{m}$。

2. **答案：** ABDE

解析： 石方路基实测项目有：压实度、纵断高程、中线偏位、宽度、平整度、横坡、边坡。

3. **答案：** ABCE

解析： 路基主要承受车辆荷载和路基的自重，其中车辆荷载占的比例很少，在一定的深度下就没有车辆荷载的影响力，而主要考虑路基自身的重量和稳定性。那么在这个深度范围内就是我们所说的路基受力工作区。路基临界高度的确定、垫层的设置、路基干湿类型时测试路基含水率、路基水稳定性和抗冻性的设计范围都要考虑路基工作区。

4. **答案：** ABCD

解析： 抗滑桩施工准备应符合下列规定：

（1）施工宜在旱季进行。雨季施工时，孔口应搭雨棚，做好锁口，孔口地面上加筑适当高的围埂。

（2）应备好各项工序的机具、器材和井下排水、通风、照明设施，落实人员配备、施工组织计划。

（3）应整平孔口地面，设置地表截、排水及防渗设施。

（4）应对滑坡变形、移动进行监测。

5. **答案**：CDE

解析：雨季施工地段的选择：雨季路基施工地段一般应选择丘陵和山岭地区的砂类土、碎砾石和岩石地段及路堑的弃方地段。重黏土、膨胀土及盐渍土地段不宜在雨季施工；平原地区排水困难，不宜安排雨季施工。

6. **答案**：ABCE

解析：底基层摊铺前的准备工作：

（1）检查路基高程，如不符规范要求，必须严格返工。

（2）清楚路基杂物、浮土，检查有无局部松散和弹软部位。如发现有此现象，应重新碾压或局部进行“开窗”处理。

（3）如果路基干燥，在摊铺前必须洒水润湿。

（4）恢复中线：直线段每 10m 设一桩，弯道上根据路线半径的大小可以 5～10m 设一桩。

（5）摊铺高程及横坡控制：摊铺高程及横坡控制采用挂基准钢丝的方式。

（6）拌和、运输、摊铺、碾压等机械设备数量是否相匹配，运转是否正常。

7. **答案**：BC

解析：沥青混合料按材料组成及结构分为连续级配、间断级配混合料。

8. **答案**：ABC

解析：试验段的长度应根据试验目的确定，通常宜为 100～200m，宜选在正线上铺筑。热拌热铺沥青混合料路面试验段铺筑分试拌及试铺两个阶段，应包括下列试验内容：

（1）检验各种施工机械的类型、数量及组合方式是否匹配。

（2）通过试拌确定拌和机的操作工艺。

（3）通过试铺确定透层油的喷洒方式和效果、摊铺、压实工艺，确定松铺系数等。

（4）验证沥青混合料生产配合比设计，提出生产用的标准配合比和最佳沥青用量。

（5）建立用钻孔法与核子密度仪无破损检测路面密度的对比关系。

9. **答案**：DE

解析：石灰稳定土混合料的设计步骤：按下列石灰剂量配制同一种土样、不同石灰剂量的混合料：

（1）做基层用。

砂砾土和碎石土：3%、4%、5%、6%、7%；塑性指数小于 12 的黏性土：10%、12%、13%、14%、16%；塑性指数大于 12 的黏性土：5%、7%、9%、11%、13%。

（2）做底基层用。

塑性指数小于12的黏性土：8%、10%、11%、12%、14%；塑性指数大于12的黏性土：5%、7%、8%、9%、11%。

（3）确定混合料的最佳含水率和最大干（压实）密度，至少应做三个不同石灰剂量混合料的击实试验，即最小剂量、中间剂量和最大剂量，其余两个混合料的最佳含水率和最大干密度用内插法确定。

（4）按规定的压实度，分别计算不同石灰剂量的试件应有的干密度。

（5）按最佳含水率下计算得到的干密度制备试件。进行强度试验时，作为平行试验的最少试件数量应不小于规范的规定。如试验结果的偏差系数大于表中规定的值，则应重做试验，并找出原因，加以解决。如不能降低偏差系数，则应增加试件数量。

（6）试件在规定温度下保湿养生6d，浸水24h后，按《公路工程无机结合料稳定材料试验规程》（JTG E51—2009）进行无侧限抗压强度试验。

（7）计算试验结果的平均值和偏差系数。

（8）工地实际采用的水泥剂量应比室内试验确定的剂量多0.5%～1.0%。采用集中厂拌法施工时，可只增加0.5%；采用路拌施工时宜增加1%。

（9）石灰稳定土不含黏性土的级配碎石、未筛分碎石和级配砂砾用做高等级沥青路面的基层时，碎石和砂砾的颗粒组成应符合规范级配碎石或未筛分碎石或级配砾石的级配范围，并应添加黏性土。石灰和所加土的总质量与碎石或砂砾的质量比宜为1∶4～1∶5，即碎石或砾石在混合料中的质量应不少于80%。

10. **答案**：ABCE

解析：《公路桥涵施工技术规范》（JTG/T F50—2011），钢模板的面板变形为1.5mm。

11. **答案**：ABCD

解析：扩大基础在埋置深度和构造尺寸确定以后，应先根据最不利而且有可能情况下的荷载组合，计算出基底的应力，然后进行基础的合力偏心距、稳定性以及地基的强度（包括持力层、软弱下卧层的强度）验算，需要时还应进行地基变形的验算。

12. **答案**：BDE

解析：改性沥青路面压实与成型：

（1）改性沥青混合料除执行普通沥青混合料的压实成型要求外，还应做到：初压开始温度不低于150℃，碾压终了的表面温度应不低于90℃。

（2）摊铺后应紧跟碾压，保持较短的初压区段，使混合料碾压温度不致降得过低。碾压时应将压路机的驱动轮面向摊铺机，从路外侧向中心碾压。在超高路段则由低向高碾压，在坡道上应将驱动轮从低处向高处碾压。

（3）改性沥青混合料路面宜采用振动压路机或钢筒式压路机碾压，不宜采用轮胎压路机碾压。OGFC混合料宜采用12t以上钢筒式压路机碾压。

（4）振动压路机应遵循"紧跟、慢压、高频、低幅"的原则，即紧跟在摊铺机后面，采取高频率、低振幅的方式慢速碾压。这也是保证平整度和密实度的关键。

（5）施工过程中应密切注意混合料碾压产生的压实度变化，以防止过度碾压。

13. **答案**：ACDE

解析：根据《公路工程质量检验评定标准》（JTG F80/1—2004），钢丝、钢绞线先张法质量评定实测项目有镦头钢丝同束长度相对差、张拉应力值、张拉伸长率、同一构件内断丝根数不超过钢丝总数的百分比。

14. **答案**：BDE

解析：具有较大吸水膨胀、失水收缩特性的高液限黏土称为膨胀土。膨胀土黏性含量很高，其中0.002mm的胶体颗粒一般超过20%，黏粒成分主要由水矿物组成。

15. **答案**：AD

解析：路基工程不宜冬季施工的项目：高速公路、一级公路的土质路堤和地质不良地区的二级公路以下路堤；铲除原地面的草皮、挖掘填方地段的台阶；整修路基边坡；在河滩低洼地带将被水淹的填土路堤。当路堤高距路床底面1.0m时，应碾压密实后停止填筑。挖填方交界处，填土低于1m的路堤都不应在冬季填筑。

16. **答案**：ABC

解析：锚具进场时，除应按出厂证明文件核对其锚固性能类别、型号、规格及数量外，尚应按下列规定进行验收：外观检查、硬度检查和静载锚固性能试验。

17. **答案**：BCDE

解析：砌筑基础的第一层砌块时，如基底为土质，只在已砌石块的侧面铺上砂浆即可，不需要坐浆；如基底为石质，应将其表面清洗、润湿后，先坐浆再砌石。

18. **答案**：ABCE

解析：依据《公路工程质量检验评定标准》（JTG F80/1—2004），挖孔桩实测项目有混凝土强度、桩位、孔深、孔径、钻孔倾斜度、钢筋骨架底面高程。

19. **答案**：ADE

解析：水泥混凝土路面优点：

（1）强度高：很高的抗压强度和抗弯拉强度，抗磨耗能力。

（2）稳定性好：强度随着时间的延长，强度逐渐提高，不会存在沥青路面的“老化”现象。

（3）耐久性：由于强度和稳定性好，所以经久耐用，一般能用20~40年。

（4）有利于夜间通车，混凝土路面能见度好，对夜间行车有利。

沥青混凝土路面优点：

（1）足够的力学性能，能承受车辆载荷施加到路面上的各种作用力。

（2）一定的弹性和塑性变形能力，能承受应变而不破坏。

（3）与汽车轮胎的附着力较好，可保证行车安全。

（4）有高度的减振性，可使汽车快速行驶，平稳而低噪声。

（5）不扬尘，且容易清扫和清洗。

（6）维修工作比较简单，且沥青路面可再生利用。

20. **答案**：ABD

解析：符合下列情况之一时，必须喷洒黏层油：

（1）双层式或三层式热拌热铺沥青混合料路面的沥青层之间。

（2）水泥混凝土路面、沥青稳定碎石基层或旧沥青路面上加铺沥青层。

（3）路缘石、雨水口、检查井等构造物与新铺沥青混合料接触的侧面。

三、判断题（认为题述观点正确的请在答题卡上将该题的［√］框格涂黑，错误的将该题的［×］框格涂黑，判断准确得分，否则不得分。每题1分，共10分。）

1. **答案：** ×

解析： 依据《公路路基施工技术规范》（JTG F10—2006），二级及二级以上公路路堤和填方高度小于1.0m的公路路堤，应将路基基底范围内的树根全部挖除，并将坑穴填平夯实；填方高度大于1.0m的二级以下公路路堤，可保留树根，但根部不能露出地面。

2. **答案：** √

解析： 滑坡体未处理之前，严禁在滑坡体上增加荷载，严禁在滑坡前缘减载。

3. **答案：** √

解析： 刚架桥的主要承重结构是梁或板和立柱或竖墙整体结合在一起的刚架结构，梁和柱的连接处具有很大的刚性。

4. **答案：** ×

解析： 热拌沥青混合料路面应待摊铺层完全自然冷却，混合料表面温度低于50℃后，方可开放交通。需要提早开放交通时，可洒水冷却降低混合料温度。

5. **答案：** ×

解析： 依据《公路路基施工技术规范》（JTG F10—2006），抛石挤淤施工应选用不易风化的片石，片石厚度或直径不宜小于300mm。

6. **答案：** √

解析： 钢筋必须按不同品种、等级、牌号、规格及生产厂家分批验收，分别堆存，不得混杂，且应设立识别标志（料牌），在运输过程中不得锈蚀和污染，钢筋宜堆置在仓库（棚）内，露天堆置时，应垫高并加遮盖。

7. **答案：** ×

解析： 桥轴线超过1 000m的特大桥梁和结构复杂的桥梁施工过程，应进行主要墩、台（或塔、锚）的沉降变形监测（沉降变形监测是一个受压构件的必要施工控制手段），桥梁控制网应每年复测一次，以确保施工安全和质量。

8. **答案：** ×

解析： 为了确保连续梁分段悬拼施工的平衡和稳定，常与悬浇方法相同，将0号块临时固结，必要时在墩两侧加设临时支架以满足悬拼的施工需要。

9. **答案：** √

解析：《公路工程质量检验评定标准》（JTG F80/1—2004）条文说明，路面标线应满足耐久性、柔韧性、施工性的要求，对施工人员无毒性，对环境无污染。

10. **答案：** ×

解析： 隔离栅产品质量检测包括：外观、镀层、几何形状和尺寸、材料性能。

四、综合分析题（按所给问题的背景资料，正确分析并回答问题，请将答案写在答题纸指定位置，每题15分，共30分。）

1. **答案：**

（1）水泥混凝土面层上加铺沥青面层的复合式路面，这两种结构均需进行检查评定。其中，水泥混凝土路面结构检查抗滑构造，平整度可按相应等级公路的标准，沥青面层检查弯沉。

（2）沥青混合料压实的施工工艺：

①混合料完成摊铺和刮平后应立即进行宽度、厚度、平整度、路拱及温度检查，对不合格之处应及时进行调整，随后按试验路确定的压实设备的组合方式及程序进行充分均匀地压实。

②压实分初压、复压和终压。

③初压应采用钢轮压路机或振动压路机（静压）。初压后应检查平整度和路拱，必要时予以修整。复压应采用串联式双轮振动压路机或轮胎压路机。终压应采用光面钢轮压路机或振动压路机（静压）。

④碾压作业时混合料的温度，初压的温度不应低于140℃，碾压终了温度钢轮压路机不得低于90℃，轮胎压路机不得低于90℃，振动压路机不得低于90℃。

⑤碾压应纵向并由低边向高边慢速均匀地进行。相邻碾压至少重叠宽度为：双轮30cm，三轮为后轮宽度的1/2。

⑥碾压时，压路机不得中途停留、转向或制动，压路机每次由两端折回的位置呈阶梯形随摊铺机向前推进，使折回处不在同一横断面上，振动压路机在已成型的路面上行驶时应关闭振动。

⑦采用雾状喷水法，以保证沥青混合料碾压过程中不黏轮。

⑧不在新铺筑的路面上进行停机、加水、加油活动，以防各种油料、杂质污染路面。压路机不准停留在温度高于60℃的已经压过的混合料上。

（3）沥青混合料接缝处理：

①梯队作业采用热接缝，施工时将已铺混合料部分留下20～30cm宽暂不碾压，作为后摊铺部分的高程基准面，后摊铺部分完成立即骑缝碾压，以除缝迹。

②半幅施工不能采用热接缝时，采用人工顺直刨缝或切缝。铺另半幅前必须将边缘清扫干净，并涂洒少量黏层沥青。摊铺时应重叠在已铺层上5～10cm，摊铺后将混合料人工清走。碾压时先在已压实路面行走，碾压新铺层10～15cm，然后压实新铺部分，再伸过已压实路面10～15cm，充分将接缝压实紧密。

③横接缝的处理方法：首先用3m直尺检查端部平整度。不符合要求时，垂直于路中线切齐清除。清理干净后在端部涂黏层沥青接着摊铺。摊铺时调整好预留高度，接缝处摊铺层施工结束后再用3m直尺检查平整度立即用人工处理。横向接缝的碾压先用双轮双振压路机进行横压，碾压时压路机位于已压实的混合料层上伸入新铺层的宽为15cm，然后每压一遍向新铺混合料方向移动15~20cm，直至全部在新铺层上为止，再改为纵向碾压。

④纵向冷接缝上、下层的缝错开15cm以上，横向接缝错开1m以上。

2. **答案：**

（1）合适，因为经发包人同意可以将劳务工程进行分包。

（2）正确，因为施工单位因按批复的方案施工，对方案进行变更必须取得监理工程师的同意。

（3）不予增加，因为搭设脚手架及爬梯属于相应工程的措施费用，不需要专门列项，其费用已列入相应工程的单价中，所以不予增加。